TEXTE ET PHOTOGRAPHIES
CHRISTINE ET MICHEL DENIS-HUOT

L'HISTOIRE
GIANNI GUADALUPI

ADAPTATION FRANÇAISE DE LA PARTIE HISTORIQUE
CHRISTINE FAVART

RÉALISATION ÉDITORIALE
VALERIA MANFERTO DE FABIANIS

MAQUETTE
PATRIZIA BALOCCO LOVISETTI

SOMMAIRE

1
Le lionceau âgé de 4-5 mois vient faire des câlins à sa mère après la sieste.

2-3
Dans la fraîcheur nocturne, le lion retrouve toute sa vigueur. Il peut parcourir 10 km pour atteindre une proie alors que, dans la journée, il est épuisé au bout de quelques centaines de mètres.

4-5
En bordure des marais, la lionne de Bila Shaka a pris position sur un tronc d'où elle observe avec sérénité les environs.

6
Le détail d'un lit funéraire découvert dans le tombeau du pharaon Toutankhamon montre Méhet, déesse destructrice, qui garantissait les crues du Nil, selon les cultes de l'ancienne Égypte.

7
La lionne regarde fixement un des mâles qui s'approche pour lui prendre sa proie.

ISBN : 978 88 6112 194 2
Dépôt légal : janvier 2009

1 2 3 4 5 6 13 12 11 10 09

Photogravure : Fotomec, Turin, Italie
Imprimé en Chine

8
La crinière donne au mâle son aspect majestueux.

9
C'est l'heure de partir en chasse. Un grand bâillement salue la mise en route de la troupe.

10-11
Après avoir joué avec ses petits compagnons, le lionceau a trouvé une position confortable pour se reposer.

préface

Le lion demeure toujours pour nous le roi des animaux. Comme tous les grands félins, c'est une créature fascinante. Fables et récits ont forgé sa légende. Il vivait en Europe aux temps préhistoriques. Le lion des cavernes a été le contemporain de l'homme de Neandertal et de celui de Cro-Magnon. Symbole de la puissance, le lion est célèbre pour sa crinière flamboyante, son port de tête altier, ses grands yeux couleur d'ambre et ses rugissements puissants et terrifiants. La fréquence de ses accouplements est réputée. Mais il lui en faut beaucoup pour assurer sa descendance.

Animal avant tout nocturne, il apparaît souvent comme un gros paresseux à tous ses admirateurs. Mais a-t-il besoin d'être plus actif ? Dominant la savane, il contemple avec indifférence les espèces qui l'entourent, toutes des proies éventuelles. Il ne craint pas les autres prédateurs… sauf l'homme qui l'a pourchassé pendant des siècles. Les populations de lions ne se maintiennent aujourd'hui que dans les immenses parcs et réserves d'Afrique de l'Est.

C'est l'unique félin à vivre en société et le partage des tâches est fonction du sexe. Les mâles se battent pour imposer leur loi sur un clan de femelles et sur leur territoire. Et ils doivent ensuite le défendre contre des prétendants sans harem. Aux femelles revient la charge d'élever les jeunes collectivement et de chasser… Les mâles n'ont plus alors qu'à se servir. Car sa Majesté le lion est aussi un pirate de la steppe, un chapardeur et un charognard ! Dans la troupe, tout va bien tant que la nourriture est abondante. Sinon, seuls les plus forts mangeront. Tant pis pour les jeunes lionceaux qui seront écartés sans pitié. Mais la vie de pacha ne dure qu'un temps. Tandis que les lionnes restent en général ensemble toute leur vie et s'entraident, il se trouve toujours des mâles plus forts pour chasser les heureux propriétaires qui doivent ensuite goûter à la dure existence de nomade.

La société des lions est complexe et les chercheurs s'attachent à nous la faire découvrir. Espérons qu'ils puissent continuer à les étudier en nombre à l'état sauvage…

L'HISTOIRE

12-13
La chasse au lion était une prérogative royale. Sur ce bas-relief provenant du palais de Nimroud, en Mésopotamie, Assurnazirpal II (883-858 av. J.-C.) s'apprête à transpercer le fauve lancé à la poursuite de son char.

14 en haut
Le négus d'Abyssinie Théodore II recevait ses hôtes entouré de ses quatre fauves préférés.

14 en bas
À Babylone, à l'époque de Nabuchodonosor II (605-562 av. J.-C.), la voie processionnelle était flanquée d'animaux reproduits sur des carreaux de céramique émaillée, entre autres des lions rugissants.

15
Cette tête en argent, lapis-lazuli et coquillages (2650-2550 av. J.-C.), découverte dans la sépulture de Puabi, à Ur (Irak), se trouve aujourd'hui au musée d'Archéologie et d'Anthropologie de l'université de Pennsylvanie.

Tandis que l'année 1862 touche à sa fin, un certain Guillaume Lejean, envoyé du gouvernement français, s'apprête à quitter les bas-fonds meurtriers et torrides du port de Massaoua, en bordure de la mer Rouge, pour prendre la route des plateaux plus frais d'Abyssinie. Il porte l'hommage de son pays au négus Kassa, Théodore II, un souverain au théâtralisme légendaire, qui tint à recevoir son hôte au palais royal de Gondar entouré de quatre lions folâtrant à ses pieds, tels des chats. Il est le roi des rois, le lion d'Abyssinie, le vainqueur et le maître de ses homologues animaux, rois des forêts et des savanes d'Afrique. Sans en avoir véritablement conscience, ce monarque noir résumait et exaltait, dans un tel déploiement zoologique, des millénaires de symbolique royale. Avec l'aigle et le dragon fantastique d'Extrême-Orient, le lion représentait depuis toujours la force, le pouvoir, la domination, la majesté.

Très tôt, dès l'avènement des premières civilisations urbaines, le lion quitta la brousse pour s'installer dans les palais. Les portes de Ninive étaient gardées par des lions ailés à visage humain. En Égypte, si leur course déliée et élégante accompagnait le char du pharaon parti en guerre ou à la chasse, à Léontopolis, ville vouée au lion, véritable bête sacrée, ils péné-

12-13
La chasse au lion était une prérogative royale. Sur ce bas-relief provenant du palais de Nimroud, en Mésopotamie, Assurnazirpal II (883-858 av. J.-C.) s'apprête à transpercer le fauve lancé à la poursuite de son char.

14 en haut
Le négus d'Abyssinie Théodore II recevait ses hôtes entouré de ses quatre fauves préférés.

14 en bas
À Babylone, à l'époque de Nabuchodonosor II (605-562 av. J.-C.), la voie processionnelle était flanquée d'animaux reproduits sur des carreaux de céramique émaillée, entre autres des lions rugissants.

15
Cette tête en argent, lapis-lazuli et coquillages (2650-2550 av. J.-C.), découverte dans la sépulture de Puabi, à Ur (Irak), se trouve aujourd'hui au musée d'Archéologie et d'Anthropologie de l'université de Pennsylvanie.

Tandis que l'année 1862 touche à sa fin, un certain Guillaume Lejean, envoyé du gouvernement français, s'apprête à quitter les bas-fonds meurtriers et torrides du port de Massaoua, en bordure de la mer Rouge, pour prendre la route des plateaux plus frais d'Abyssinie. Il porte l'hommage de son pays au négus Kassa, Théodore II, un souverain au théâtralisme légendaire, qui tint à recevoir son hôte au palais royal de Gondar entouré de quatre lions folâtrant à ses pieds, tels des chats. Il est le roi des rois, le lion d'Abyssinie, le vainqueur et le maître de ses homologues animaux, rois des forêts et des savanes d'Afrique. Sans en avoir véritablement conscience, ce monarque noir résumait et exaltait, dans un tel déploiement zoologique, des millénaires de symbolique royale. Avec l'aigle et le dragon fantastique d'Extrême-Orient, le lion représentait depuis toujours la force, le pouvoir, la domination, la majesté.

Très tôt, dès l'avènement des premières civilisations urbaines, le lion quitta la brousse pour s'installer dans les palais. Les portes de Ninive étaient gardées par des lions ailés à visage humain. En Égypte, si leur course déliée et élégante accompagnait le char du pharaon parti en guerre ou à la chasse, à Léontopolis, ville vouée au lion, véritable bête sacrée, ils péné-

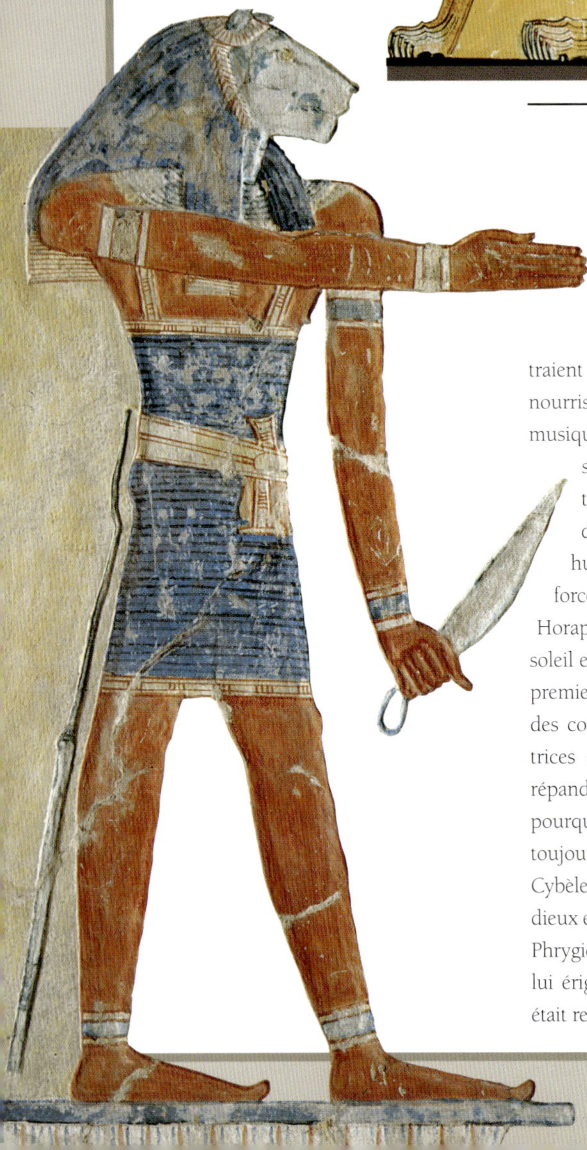

16 en haut
Sur une fresque de la tombe d'Inherkhau, « Chef du Seigneur des deux Terres », qui vécut sous Ramsès III, deux lions majestueux protègent le soleil qui se lève. La tombe se trouve dans la nécropole des artisans de Deir el-Medina.

16 au centre
Ce sphinx piétinant un ennemi, sculpté dans la tombe de Khaemhat, porte le visage du pharaon Aménophis IV (1372-1354 av. J.-C.).

16 en bas, à gauche
Nebneryou comptait parmi les génies qui accueillaient les défunts dans le royaume des morts. Bas-relief peint dans la tombe du prince Khaemouaset, fils de Ramsès III (1198-1166 av. J.-C.), dans la Vallée des Rois.

traient dans les temples pour s'y faire adorer. Les prêtres les nourrissaient et agrémentaient leurs repas de chants et de musique. Dans le reste du pays, leurs silhouettes de pierre s'alignaient aux abords des voies conduisant aux sanctuaires, qu'ils gardaient et protégeaient. Souvent sous des allures de sphinx, au corps de lion et à la tête humaine, ils exprimaient l'union de l'intelligence et de la force physique. En outre, nous informent Plutarque et Horapollon, puisque le Nil commençait à grossir lorsque le soleil entrait dans la constellation du Lion, déversant alors les premiers bienfaits de l'inondation, les bouches des fontaines et des conduites furent munies de gueules de lions annonciatrices de la bonne nouvelle. Cet usage, qui s'est ensuite répandu à l'ensemble du Bassin méditerranéen, explique pourquoi, à Paris ou à Milan, l'eau de certaines fontaines jaillit toujours de la gueule des lions.

Cybèle, la déesse de la Fertilité et de la Terre, la Mère des dieux et des hommes, adorée tout d'abord à Pessinunte, en Phrygie, et importée plus tard en Grèce et à Rome, où on lui érigea un somptueux temple sur le mont Palatin, était représentée tantôt assise sur un trône et entourée

16-17
Lion au visage humain, le sphinx reste l'un des symboles les plus significatifs de l'Égypte pharaonique. Ce sphinx de granite gris, découvert à Tanis, remonte au royaume d'Amenemhat III (1842-1794 av. J.-C.).

17 en haut, à droite
La déesse lionne Sekhmet est représentée sur ce pendentif en or mis au jour, à Tanis, dans la tombe de Psusenne Ier (1045-994 av. J.-C.).

18
Cette remarquable peinture murale d'un lion s'élançant contre un adversaire orne la maison du Bracelet d'or, à Pompéi.

19 en haut
Les grandes expéditions de chasse en Afrique sont évoquées sur cette mosaïque découverte dans la Villa del Casale, à Piazza Armerina, en Sicile. Bien que blessée, cette lionne s'élance sur un chasseur.

19 en bas, à gauche
L'empereur romain Commode, convaincu d'être la réincarnation d'Hercule, descendait dans l'arène pour affronter les bêtes féroces couvert d'une peau de lion, à l'image de son héros.

de deux lions, tantôt montée sur un char traîné par les deux fauves. Mais dans l'*Urbs,* devenue capitale de l'*Orbs,* les lions n'étaient pas uniquement sculptés dans le marbre, peints à l'encaustique sur les murs des villas patriciennes ou représentés en mosaïque sur le sol. Ils étaient bel et bien vivants, enfermés dans les cages des cirques, d'où ils ne sortaient que les jours de spectacle pour affronter des gladiateurs pastichant Hercule dans l'un de ses douze travaux mythiques, son combat contre le redoutable lion de Némée, ou pour dévorer des condamnés à mort sans défense, à l'image des premiers chrétiens. Des exhibitions où se massaient non pas une poignée de fauves, mais de véritables cohortes de lions, sous le regard d'une plèbe ravie. Sylla, le dictateur, en jeta une centaine dans l'arène, Pompée six cents et Jules César quatre cents. À l'époque impériale, on tenta bien de renouveler le répertoire en organisant des combats entre animaux, où les lions affrontaient éléphants, taureaux, ours, tigres, panthères ou rhinocéros. Plus capricieux et moins sanguinaire, Élagabal eut l'idée de se servir des animaux féroces pour les courses de chars et fit atteler lions et tigres. Commode, en revanche, nourrissait envers les jeux du cirque une passion tellement morbide qu'il fit courir la rumeur selon laquelle son père n'était pas le sage Marc Aurèle, mais un vil gladiateur. L'empereur en personne descendit dans l'arène quelque sept cent trente-cinq fois. Et si de son arc il transperçait un éléphant de part en part, de son épée il découpait un lion en deux. Au terme de tels triomphes, il voulut s'approprier le titre d'Hercule vivant et se présenta au public sous les apparences d'un demi-dieu, paré d'une peau de lion et d'une énorme masse.

Si l'on s'aventure dans l'inextricable labyrinthe des faits véridiques et invraisemblables de l'*Histoire naturelle*, une vaste compilation réalisée par Pline l'Ancien, un savant à l'érudition omnivore et capricieuse, on se retrouve propulsé dans une espèce de manuel de zoologie fantastique. Citant toutes les sources plus ou moins dignes de foi, et surtout Aristote, Pline raconte que la lionne est tellement luxurieuse qu'elle accepte de bon gré l'accouplement avec d'autres fauves, dont le léopard. Mais, ajoute l'auteur, l'odeur suffit au lion, jaloux et vigilant, pour découvrir l'adultère. La femelle parjure restera

20
*Un dragon, un éléphant, un lion et un léopard semblent cohabiter pacifiquement sur cette miniature extraite d'un code de l'*Histoire naturelle* de Pline l'Ancien, réalisée à Sienne, vers 1460, et conservée aujourd'hui au Victoria and Albert Museum de Londres.*

21
Tout ce que l'Antiquité classique savait, ou fabulait, sur les lions est inclus dans l'encyclopédie de Pline l'Ancien (23-79 apr. J.-C.), représenté sur ce portrait imaginaire extrait d'une gravure française du XVIIIe siècle.

dès lors à bonne distance, sous le vent, ou s'empressera de partir en quête d'une rivière où se laver. La première fois, poursuit Pline, la lionne donne immanquablement naissance à cinq petits, la seconde à quatre, puis à trois, et ainsi de suite avant de devenir stérile. L'auteur ajoute que les lions sont des animaux très sobres. Ils boivent peu et ne mangent qu'un jour sur deux. Et lorsqu'ils sont repus, ils jeûnent pendant trois jours. Cependant, ils sont aussi gloutons et avalent généralement leur proie tout entière, au risque de « devoir se mettre les griffes dans la gorge pour ôter le superflu » lorsqu'ils ont le ventre plein, et agissent de la même manière si, complètement rassasiés, ils doivent prendre la fuite.

De tous les fauves, le lion est toutefois le seul à faire preuve de clémence envers ceux qui le supplient. Il épargne celui qui se prosterne devant lui et lorsqu'il doit se montrer cruel, il déverse sa colère contre les hommes plutôt que contre les femmes et les enfants « sauf lorsqu'une faim terrible le tenaille ». Il n'assaille l'homme, au demeurant, qu'à l'aube de la vieillesse, quand viennent à lui manquer les forces nécessaires pour se lancer à la poursuite d'autres proies. En Afrique septentrionale, les populations croyaient fermement que le lion comprenait la signification des prières. Pline cite le témoignage d'une esclave gétule (population qui occupait l'intérieur de l'Algérie actuelle). La jeune femme lui raconta personnellement avoir été attaquée la nuit par de nombreux lions alors qu'elle traversait la forêt. Dans sa supplique aux fauves, elle implora leur indulgence, leur disant être une pauvre fugitive à la santé fragile, une proie indigne de leur gloire. L'encyclopédiste atteste le récit et ajoute que la noblesse du lion se reconnaît dans le danger. En effet, le lion méprise non seulement les flèches des chasseurs, mais il les combat uniquement quand elles le menacent directement de mort. Et si on le harcèle avec obstination, il se retirera avec dédain, marquant un arrêt à chaque pas dans les prairies où il peut être vu. Mais dès qu'il s'enfoncera au cœur de la végétation, sa fuite honteuse désormais cachée à tous, il s'élancera dans une course effrénée. S'il est blessé, son extraordinaire sens de l'observation lui permettra de reconnaître son agresseur en toutes circonstances, même parmi une foule nombreuse, et de l'assaillir ; mais si l'homme qui lui a décoché une flèche a manqué sa cible, il le renversera et le jettera à terre, sans le blesser cependant. Pline conclut par des récits illustrant leur intelligence et leur générosité. Des bêtes féroces qui se font soigner une patte blessée ou enlever un os logé en travers de la gorge remercient ensuite leurs bienfaiteurs en capturant à leur intention du gibier qu'elles déposeront à leurs pieds, avant de ronronner comme un chat. Mais l'histoire la plus célèbre de ce genre, rapportée par de nombreuses sources et que Pline ignore pourtant, est celle d'un certain Androcle. Cet esclave africain, maltraité par son maître, avait choisi l'évasion. Capturé et emmené de force à Rome pour y être jeté en pâture aux fauves du cirque, il se vit lécher les mains par le lion qui aurait dû le mettre en pièces et qui reconnut l'être charitable lui ayant ôté, quelques années plus tôt, en Afrique, une épine de la patte. Cette scène inouïe émut jusqu'au cruel Tibère, qui lui accorda la vie et la liberté.

Des pans entiers de ces antiques fabulations passent dans les bestiaires médiévaux, qui chargent, au passage, le lion, et tous les autres animaux sauvages, de significations symboliques et allégoriques issues de l'Ancien et du Nouveau Testament. Les splendides manuscrits enluminés que nous a livrés l'histoire attribuent au lion trois caractères fondamentaux et, tout d'abord, sa prédilection pour les sommets des montagnes. Si, en de telles circonstances, ses narines lui révèlent la présence

22
*Les lions figurent parmi les protagonistes de cette miniature extraite de l'*Histoire universelle de la Création du Monde*, Acri 1260-1270.*

23 en haut
Parmi les épisodes que les miniaturistes des bibles médiévales aimaient illustrer, citons le combat qui opposa David au lion, comme ici, dans la Bible de Winchester.

23 en bas
Un autre épisode biblique récurrent est celui de Daniel jeté dans la fosse aux lions, ici sur cette enluminure de la Christ-Herre Chronik.

de chasseurs lancés à sa poursuite, il effacera ses traces d'un coup de queue, empêchant de la sorte ses poursuivants de le localiser. Les yeux, qu'il semble garder ouverts, même durant son sommeil, constituent la deuxième caractéristique du lion. « Ainsi fut enterré Notre Seigneur, descendu de la croix, et tandis que son corps sommeillait, sa nature divine veillait. » La troisième caractéristique concerne plus précisément la lionne, dont les petits « présentent l'aspect de mort-nés lors de leur venue au monde et gardent cet état jusqu'à ce que le souffle du lion, leur père, vienne les ranimer le troisième jour ». Un animal entretenant des rapports aussi étroits avec la symbolique chrétienne ne pouvait pas ne pas fréquenter les saints. Un lion affable et doux, proche parent de l'ami d'Androcle, tint compagnie à saint Jérôme durant ses années passées dans le désert. Un autre, assez complaisant, se présenta au faible et désormais très âgé saint Paul ermite afin de l'aider à creuser de ses griffes la tombe de saint Antoine, qui venait de décéder. Mais le lion le plus célèbre du christianisme reste le lion ailé représentant l'évangéliste saint Marc, dont le corps aurait été rapporté par quelques marins vénitiens qui avaient dérobé sa dépouille à Alexandrie afin de la ramener dans la lagune. Depuis, le lion ailé est l'emblème de la République de Venise. Aujourd'hui encore il trône sur les murs et sur les palais des villes et des terres ayant appartenu jadis à la Sérénissime, de Bergame à Kotor, d'Udine à Famagouste, la Chypriote.

L'iconographie léonine est, au reste, extrêmement présente dans les églises catholiques. Les premiers chrétiens peignaient et sculptaient déjà des lions, traduisant par là la force dont ils devaient faire preuve face aux persécutions et la vigilance nécessaire au fidèle pour ne pas tomber dans le péché. Plus tard, se répandit l'usage de reproduire des lions sur les dossiers des sièges épiscopaux ou de façonner des bracelets en forme de pattes de lion, pour symboliser la bestialité du monde vaincu par la doctrine du Christ, l'orgueil du démon subjugué par la vertu de la croix. Comme nous le voyons, notre animal pouvait prendre une valeur tantôt positive, tantôt négative. On le retrouve également sur de nombreux autres

24 en haut, à gauche
Un lion célèbre de l'hagiographie chrétienne est le fauve soigné et recueilli par saint Jérôme, sur ce tableau de Sano di Pietro (1406-1481), conservé au Louvre.

24 au centre
En choisissant saint Marc comme protecteur, la République de Venise prit pour emblème le lion ailé, symbole de l'évangéliste.

24 en haut, à droite
Ce fier lion trône devant la façade de l'église San Benedetto, à Norcia.

24-25
Sur fond de palais des Doges et de flotte vénitienne, ce lion de saint Marc, une œuvre de Carpaccio, semble sourire à la prospérité et à la gloire de la République.

25 à gauche
En Inde aussi le lion jouait le rôle de gardien des sanctuaires. Celui-ci défend l'entrée du temple de Kandariya Mahadeva, à Khajuraho, dans l'État du Madhya Pradesh.

25 à droite
La crinière très élaborée semble atténuer quelque peu la férocité de ce lion qui menace les intrus dans la Cité interdite de Pékin.

objets liturgiques, tels que le socle des chandeliers, qui soutenaient les grands cierges pascaux, par exemple, et naturellement sur les judas des portails d'église, rugissants et couchés, supportant le poids d'une colonne, accomplissant pour le Christ le même devoir de vigilance qu'il avait déjà accompli pour les divinités perdues d'Égypte. À l'autre bout du monde, dans l'immense Empire de Chine, des lions à la crinière bouclée veillaient, avec une sévérité égale, sur les ponts, les demeures et les tombes des grands. Et sans le savoir, l'Orient et l'Occident rendaient la justice de la même manière, *sedens inter leones*, « assis entre les lions », comme le disent les écritures anciennes ; le seigneur féodal entre les piliers du portique de la cathédrale, le mandarin chinois entre les lions de jade ou de bronze installés de part et d'autre du trône. Mais les lions médiévaux régnèrent surtout en maître sur les blasons, sur cette faune polychrome fréquentant un monde à part, interdit au commun des mortels. L'héraldique, une science nouvelle, voit le jour à cette époque. Désormais, grâce aux armoiries, l'aristocratie peut se distinguer du commun des mortels et affirmer ainsi sa supériorité. Science rigoureuse, elle comportait ses règles, ses typologies, sa taxinomie et sa terminologie. Dans ces jardins zoologiques nobiliaires, le lion était presque toujours rampant, c'est-à-dire dressé sur les pattes postérieures, de profil, tourné vers la droite, la langue sortie, recourbée et au bout arrondi, la queue levée, droite et en ondée. Les blasons pouvaient également arborer un lion ramassé, s'il était assis, diffamé, s'il était privé de sa queue, accablé, s'il était au repos, dragonné, s'il affichait une queue de dragon, lampassé ou langué, si sa langue possédait un émail particulier, léopardé, s'il était en train de marcher, armé, s'il sortait des griffes d'une autre couleur, mariné, si sa queue se terminait par une queue de poisson, morné, s'il était privé de dents et de griffes et même « vilain », lorsque ses organes génitaux présentaient une couleur différente. On connut naturellement des ordres de chevalerie consacrés également au Lion. L'histoire veut que le premier ordre ait été fondé vers 1080 par un Enguerrand, seigneur de Coucy, dans la douce terre de France, si propice à la chevalerie errante et à ses entre-

26-27
Certains cartographes utilisèrent le lion comme symbole de la Belgique. Voici le « Leo Belgicus », sur une carte dressée par Jan Van Doetecum, Amsterdam, 1598.

27 en haut
Les lions rampants occupent de nombreux blasons héraldiques comme celui qui représente les armes du Royaume-Uni.

27 en bas
Le lion est un élément décoratif très courant sur les cartouches de nombreuses cartes représentant le continent africain. Cette illustration reproduit une carte de 1680.

prises. La Lionne eut également son ordre, créé au XIVe siècle dans ce royaume de Naples gouverné par une femme, la tristement célèbre reine Jeanne. Sur leur manteau, ses membres portaient brodée une lionne d'or, qui était moins un signe d'honneur que l'emblème d'un parti.

Si les lions trônaient dans les armoriaux, ils commandaient également la cartographie. Du Sahara aux confins de l'Afrique, ils s'égaillaient sur tout le continent avant de bondir également en Perse et en Asie centrale pour venir aimablement combler les parties vides des cartes de géographie, exhibant une férocité qui semblait vouloir excuser l'ignorance des géographes de l'époque. *Hic sunt leones* signifiait : « Ces endroits dangereux ne sont hantés que par des bêtes sauvages, dès lors comment pourrions-nous vous en livrer la topographie ? »

Les siècles s'écoulèrent et les connaissances du monde s'enrichirent. Bien vite, les Européens allaient rencontrer les animaux insoupçonnés des autres continents. La zoologie devenant plus rigoureuse, on commença à cataloguer la nature, tâche aujourd'hui encore inachevée puisque d'innombrables insectes ne sont toujours pas classifiés. Mais le poids du passé continuait de constituer un héritage indissociable du présent. Et si des chapitres entiers de récits transmis de l'Antiquité se voyaient relégués dans le monde légendaire, durant le siècle des Lumières, un grand naturaliste comme Buffon prêtait aux animaux des attitudes et des sentiments humains, guère éloignés, somme toute, des considérations de Pline quelque mille sept cents ans plus tôt. Sa dissertation sur le lion reste un modèle du genre :

« Cette supériorité de nombre et d'industrie dans l'homme, qui brise la force du lion, en énerve aussi le courage : cette qualité, quoique naturelle, s'exalte ou se tempère dans l'animal suivant l'usage heureux ou malheureux qu'il a fait de la force. Dans les vastes déserts du Zaara, dans ceux qui semblent séparer deux races d'hommes très différentes, les Nègres et les Maures, entre le Sénégal et les extrémités de la Mauritanie, dans les terres inhabitées qui sont au-dessus du pays des Hottentots, et en général dans toutes les parties méridionales de l'Afrique et de l'Asie, où l'homme a dédaigné d'habiter, les lions sont encore en assez grand nombre, et sont tels que la Nature les produit : accoutumés à mesurer leurs forces avec

28 en haut, à gauche
Ces deux félins, œuvre d'Ulisse Aldrovandi, sont issus de l'ouvrage De quadrupedibus solipedibus *in* Histoire naturelle *d'U. Aldrovandi, publié en 1616.*

tous les animaux qu'ils rencontrent, l'habitude de vaincre les rend intrépides et terribles ; ne connoissant pas la puissance de l'homme, ils n'en ont nulle crainte ; n'ayant pas éprouvé la force de ses armes, ils semblent les braver ; les blessures les irritent, mais sans les effrayer ; ils ne sont pas même déconcertés à l'aspect du grand nombre ; un seul de ces lions du désert attaque souvent une caravane entière, et lorsqu'après un combat opiniâtre et violent il se sent affoibli, au lieu de fuir il continue de se battre en retraite, en faisant toujours face et sans jamais tourner le dos. Les lions au contraire qui habitent aux environs des villes et des bourgades de l'Inde et de la Barbarie, ayant connu l'homme et la force de ses armes, ont perdu leur courage au point d'obéir à la voix menaçante, de n'oser l'attaquer, de ne se jeter que sur le menu bétail, et enfin de s'enfuir en se laissant poursuivre par des femmes ou par des enfants, qui leur font, à coups de bâton, quitter prise et lâcher indignement leur proie.

Ce changement, cet adoucissement dans le naturel du lion, indique assez qu'il est susceptible des impressions qu'on lui donne, et qu'il doit avoir assez de docilité pour s'apprivoiser jusqu'à un certain point et pour recevoir une espèce d'éducation : aussi l'histoire nous parle de lions attelés à des chars de triomphe, de lions conduits à la guerre ou menés à la chasse, et qui, fidèles à leur maître, ne déployoient leur force et leur courage que contre ses ennemis. Ce qu'il y a de très sûr, c'est que le lion pris jeune et élevé parmi les animaux domestiques, s'accoutume aisément à vivre et même à jouer innocemment avec eux, qu'il est doux pour les maîtres et même caressant, surtout dans le premier âge, et que si sa férocité naturelle reparoît quelquefois, il la tourne rarement contre ceux qui lui ont fait du bien. Comme ses mouvements sont très impétueux et ses appétits fort véhémens, on ne doit pas présumer que les impressions de l'éducation puissent toujours les balancer ; aussi y auroit-il quelque danger à lui laisser souffrir trop longtemps la faim, ou à le contrarier en le tourmen-

28 en bas
Cette gravure du XIX siècle de Dumont représente le naturaliste français Georges Louis Leclerc, comte de Buffon (1707-1788).

29 en haut
Dans l'Encyclopédie de Diderot et d'Alembert, le lion prend enfin un aspect très réaliste.

29 en bas
Dans son traité sur la physiognomonique, le savant napolitain Giovan Battista della Porta établissait un parallèle entre les traits des hommes et ceux des animaux. À qui pouvait ressembler Alexandre le Grand si ce n'est à un lion ?

tant hors de propos ; non seulement il s'irrite des mauvais traitemens, mais il en garde le souvenir et paroît en méditer la vengeance, comme il conserve aussi la mémoire et la reconnoissance des bienfaits. Je pourrois citer ici un grand nombre de faits particuliers, dans lesquels j'avoue que j'ai trouvé quelque exagération, mais qui cependant sont assez fondés pour prouver au moins, par leur réunion, que sa colère est noble, son courage magnanime, son naturel sensible. »

Chers lions. Et pauvres lions. Quelques dizaines d'années plus tard, l'homme blanc allait conquérir l'Afrique et sceller ainsi le début du massacre. La chasse au lion ne fut certes pas une invention des Européens ! Les indigènes la pratiquaient depuis toujours. Mais ils se bornaient à éliminer les spécimens les plus dangereux pour les troupeaux ou à tuer un fauve, un mâle le plus souvent, preuve de courage, avant de se parer de sa crinière. Au demeurant, les armes dont ils disposaient, des flèches et des sagaies, étaient, en vérité, peu adaptées à la perpétration des massacres sur une vaste échelle autorisés par les fusils à répétition qui, dès la seconde moitié du XIX siècle, décimeront la faune du continent noir. Et même sur les terres où, comme en Afrique septentrionale, les armes à feu se chargeant par la bouche étaient très répandues, la chasse aux fauves resta toujours, avant la conquête européenne, une affaire trop compliquée et complexe, qui nécessitait la participation de villages entiers.

Au Maghreb, du Maroc à la Tripolitaine, les lions se montraient tout particulièrement nuisibles. Dans ces contrées, ils vivaient non loin des établissements humains et abandonnaient régulièrement leurs refuges pour se nourrir de mules, de chevaux, d'ânes, de moutons, de chèvres et de chameaux, n'hésitant pas dès lors à faire irruption en pleine nuit jusqu'au cœur des villages. Au fil des siècles, le déboisement de l'arrière-pays algérien a gagné le sud avec une vigueur de plus en plus accrue, motivé moins par la nécessité de dégager de nouvelles terres arables que par le besoin d'éloigner les fauves

72 IO. BAPTISTÆ PORTÆ

non aduersari; vt quod prius improbare, hîc magnopere laudare videatur. Auicenna inquit: Paruum caput, si cum fortitudine virtutis formatiuæ fuerit, optimum erit.

In hac figura mediæ magnitudinis caput inter reliqua cum leonino capite contemplare.

Caput mediocre.

Aristoteles commendat Alexandro Magno caput mediocre, & intra immensum constitutum, cum Polemon, & Adamãtius medię magnitudinis caput laudent. Id videtur leoni comparandum. ipse enim ad corporis rationem, mo-

tapis dans ses forêts. Vers le milieu des années 1850 encore, soit après vingt années d'occupation française, un économiste calcula qu'un lion tuait chaque année du bétail pour une valeur de 6 000 francs de l'époque et que pendant toute sa durée de vie, estimée en moyenne à trente-cinq ans, il causait un préjudice économique de près de 200 000 francs.

Les habitants recouraient habituellement à un large éventail de moyens de défense. Lorsqu'un village était convoité par un lion, les populations creusaient autour de l'enclos à bétail un fossé d'une bonne dizaine de mètres de profondeur et de 4 à 5 mètres de large, qu'ils dissimulaient derrière une haie que le prédateur franchissait toujours au même endroit, puisqu'il est un animal routinier. Une fois prisonnier de la fosse, le fauve ne pouvait s'en libérer en raison de sa hauteur. Il restait dès lors à la merci de ses ennemis, libres enfin de donner libre cours à leur vengeance. Le malheureux captif essuyait alors des vexations de toutes sortes, il était conspué, couvert d'insultes et frappé à coups de pierre et de bâton avant de rendre son dernier souffle sous les balles des fusils. Les femmes, les vieillards et les enfants se montraient toujours les plus acharnés, trop heureux d'humilier le roi de la forêt qui leur avait infligé tant de maux. La viande était distribuée à tout le village et chaque mère faisait manger à ses fils un morceau du cœur pour qu'ils acquièrent la force et le courage du lion. Avec les poils de la crinière, on réalisait des amulettes fort prisées. Une autre technique de chasse répondait au nom de *melbeda* (« cachette »). Aux abords d'une piste, généralement battue par les lions, les villageois creusaient une fosse peu profonde, de 1 mètre environ, et de 3 ou 4 mètres de large, qu'ils ceignaient de troncs d'arbres avant de la recouvrir d'un toit également composé de troncs fixés à l'aide de lourdes pierres. Un imposant rocher servait de porte. Les meilleurs tireurs se tenaient à l'affût dans cette petite forteresse, guettant du bout de leur canon, depuis les meurtrières de fortune, le fauve qu'ils abattaient alors qu'il passait devant ce piège mortel pour aller s'abreuver ou chasser. Parfois, les hommes armés tendaient une embuscade en se cachant simplement sur les branchages surplombant le sentier. Enfin, une autre technique de chasse consistait à organiser de véritables battues auxquelles participaient des dizaines, voire parfois des centaines de personnes. Cette méthode était plus risquée car le lion, harcelé et encerclé, se retournait souvent contre ses agresseurs et en taillait quelques-uns en pièces avant de succomber. Les projectiles des premiers fusils pénétraient difficilement dans la peau dure de l'animal et plusieurs coups bien placés étaient nécessaires pour venir à bout d'un lion adulte. À la pointe méridionale de l'Afrique, les Hottentots pratiquaient une chasse plus curieuse et, disons-le, plus astucieuse. Tapis au bord d'un précipice, ils déposaient, non loin, une charogne, dont l'odeur attirait le lion. Et tandis que le fauve s'apprêtait à consommer son repas, les hommes, armés de cordes et de perches, agitaient un mannequin semblant vouloir lui disputer sa proie. Il ne leur restait plus alors qu'à bondir sur la victime avant de la pousser dans le précipice, où les indigènes descendaient ensuite pour l'achever.

Le premier paradis du Grand Chasseur Blanc, dont les livres et, par la suite, le cinéma allaient nous transmettre l'histoire, et qui, aujourd'hui, dans notre grande sagesse écologique, endosse plutôt les habits d'exterminateur infâme, fut l'Afrique du Sud. Au début du XIXe siècle, ses savanes étaient parcourues par des millions d'animaux : antilopes, zèbres, éléphants, autruches, girafes, rhinocéros, gnous, lions, hippopotames. Dans cet éden de la chasse erraient d'obstinés missionnaires armés de bibles, en quête d'indigènes à convertir dont les âmes rempliraient leur gibecière, et des Britanniques mordus d'art cynégétique, très impatients d'orner leurs salons londoniens de défenses d'éléphants, de cornes de rhinocéros et de têtes de lions empaillées. Le plus célèbre d'entre tous fut Roualeyn George Gordon Cumming. Deuxième fils d'un baronnet écossais, doté d'une exceptionnelle force physique, d'un esprit indomptable et d'une santé prodigieuse, ce robuste highlander, pavoisant en kilt et en bras de chemise à la tête de sa caravane, devint un mythe pour les indigènes et les pionniers, un Nembrotte victorien qu'une tripotée d'imitateurs s'empressa bien vite de suivre. En 1849, au terme d'une série de battues le long du cours du Limpopo, ses trophées de chasse étaient si nombreux qu'il fallut non moins de neuf chars pour les acheminer vers Port Elizabeth, où avant d'être embarqués, ils furent pesés : trente tonnes !

En Angleterre, les récits de Cumming impressionnèrent à tel point les adeptes de Diane qu'allait bientôt s'ensuivre une véritable migration de chasseurs vers les brousses d'Afrique méridionale. Les émules les plus célèbres d'un prédécesseur d'une telle étoffe se nommèrent Oswell et Baldwin, dont les récits soulevèrent également l'enthousiasme d'autres épigones. Mais c'est lors des venues d'hôtes de sang royal que la malheureuse faune d'Afrique connaissait ses pires tourments. En 1860, le gibier du royaume d'Orange eut l'honneur d'être

30-31
Les habitants du Botswana employaient la technique des bâtons pointus entourés d'une touffe drue de plumes d'autruche qui servaient à tromper l'animal. Tableau extrait de Wild Sport of Southern Africa de W. H. Harris, 1844.

32-33
Un groupe de chasseurs boit le thé au camp de base lors d'une battue de chasse en Afrique orientale à la fin du XIX siècle.

33 en haut, à gauche
Un chasseur blanc d'exception, le président des États-Unis d'Amérique Theodore Roosevelt, photographié en 1910, un lion mort à ses pieds.

33 en haut, à droite
Après la chasse, un peu de place pour l'art. Le chasseur, explorateur et peintre Iacovleff reproduit la bête qu'il vient d'abattre.

33 en bas
En 1952, durant sa visite au Kenya, la reine Élisabeth d'Angleterre photographia un lion pour la première fois.

talonné par le prince Alfred, fils de la reine Victoria. Ce fut véritablement une belle chasse. Mille rabatteurs encerclèrent un vaste territoire à l'intérieur duquel se retrouvèrent prisonniers vingt-cinq mille animaux, dont six mille furent abattus. Beaucoup d'indigènes furent également piétinés et écrasés par les hordes en fuite, en proie à la panique.

À l'issue de plusieurs décennies de semblables carnages, des espèces entières avaient disparu. « Aujourd'hui, écrivait, en 1890, un Sud-Africain, nos plaines sont nues et désolées. » Aux amateurs de chasse sportive vinrent s'ajouter les marchands qui, non contents de se livrer au commerce de défenses d'éléphants, se procuraient aussi des peaux de lion, très appréciées à l'époque comme tapis, et des lionceaux qu'ils vendaient aux cirques et aux parcs zoologiques, extrêmement

34 en haut, à gauche
Frissons et éclats de rire pour le grand écran, Charlie Chaplin dans la cage aux lions, vedette du film Le Cirque*, en 1927.*

34 en haut, à droite
Deux rejetons de souche royale, le prince Philippe d'Orléans, prétendant au trône de France, photographié en 1919 avec un lionceau dans les bras.

fiers de pouvoir exhiber, dans sa cage, un « roi des animaux » étiolé et aboulique. Ce fut l'un de ces souverains déchus et humiliés qui, de passage par la bourgade de Tarascon avec l'une de ces ménageries ambulantes, ficha son regard dans les yeux du vaillant Tartarin pour lui ordonner de partir vers les montagnes de l'Atlas à la chasse de ses semblables. De nombreux autres Tartarin ont sillonné depuis les savanes d'Afrique pour célébrer les rites du safari organisé avant de rentrer chez eux chargés de la dépouille d'un lion qui s'affalera sur le parquet du salon. Les femmes fatales de la Belle Époque et les stars du cinéma muet des années folles rivalisaient d'astuces pour se faire photographier mollement allongées sur des divans d'inspiration faussement orientale, leurs mignons petits pieds posés sur des peaux de tigre, de panthère ou de lion.
Ces trophées n'étaient plus désormais le résultat des gigantesques massacres d'antan. En effet, dès le début du XXe siècle,

les colonisateurs blancs – Anglais, Belges et Portugais essentiellement – qui s'étaient partagé l'Afrique prirent progressivement conscience de la nécessité de protéger le gibier et créèrent les premiers parcs nationaux aux côtés de gigantesques réserves de chasse, dont certains embrassent des territoires plus vastes qu'un pays d'Europe. Parmi les plus spectaculaires, les experts citent volontiers les parcs d'Afrique du Sud, du Kenya, d'Ouganda et les fameuses plaines du Serengeti, en Tanzanie, qui courent du Kilimandjaro au volcan éteint du Ngorongoro, où vivent désormais les plus impressionnants rassemblements d'animaux sauvages au monde, et qui servit de cadre à Ernest Hemingway pour son célèbre roman dont le personnage principal est un chasseur blanc. Aujourd'hui, les safaris sont soumis à des règles sévères et des quotas stricts, et ils présentent en outre l'avantage de tenir les braconniers à bonne distance.

Puis vint Tarzan, et le lion fut détrôné. Il lui usurpa son titre de roi de la jungle mais, en bon homme-singe, il le traita finalement sur un même pied d'égalité, de respect et aussi d'amitié. Dans la série romanesque des *Tarzan*, écrite par Edgar Rice Burroughs, ainsi que dans les nombreux films inspirés de l'histoire, le méchant est souvent le chasseur blanc. Tandis que des tréfonds de la forêt équatoriale, au cri de Tarzan répondent les barrissements des éléphants et les rugissements des lions qui accourent pour porter de l'aide au Bon. Faut-il y voir de l'*animalisme ante litteram?* Peut-être. À moins d'y entrevoir l'une des innombrables mythologies littéraires et cinématographiques qui, dans un monde trop déshumanisé (ou désanimalisé), se substituent avec bonheur aux légendes millénaires? Quoi qu'il en soit, grâce peut-être aux cris de révolte des Tarzan qui ont résonné dans notre enfance, aujourd'hui, nous sommes tous du côté des lions.

35 en haut
Le lion de la Metro-Goldwyn-Mayer, ici sur du papier à en-tête de la société, a rugi sur les écrans du monde entier.

34-35
L'écrivain français Colette (1873-1954), sur cette photographie de 1909, est étendue sur une peau de lion.

MILIEUX ET ANATOMIE

36 à gauche
Les lionceaux surveillent la plaine depuis un kopje, gros amas rocheux du Serengeti.

36 à droite
Les mâles ont de longues canines (6 cm en moyenne).

38
Les mâles nomades du Serengeti suivent la migration des gnous et ils viendront à partir des mois de juillet-août menacer les résidents des troupes de Mara.

39
Il n'y a rien de plus magnifique en Afrique que de voir un lion mâle se dresser dans les grandes herbes avec ses 180 kg ou plus, son 1,20 m au garrot et ses 3 m de long du museau à l'extrémité de la queue.

MILIEUX

Les lions sont absents des forêts denses, des terres cultivées et des endroits à forte densité de population. À part cela, ils vivent dans des habitats très variés. Même s'ils préfèrent les savanes ouvertes, on les rencontre néanmoins dans les zones semi-désertiques et jusqu'à 4 500 mètres d'altitude. Seuls impératifs : il leur faut des proies et de l'eau. Ajoutons à cela un abri adéquat pour éviter l'exposition au soleil et assurer la protection des jeunes. Et, s'ils le peuvent, les lions choisissent plutôt les zones où les chances de chasse sont les plus grandes. La végétation du milieu conditionne la présence des herbivores et donc, indirectement, celle des prédateurs.

Les lions que nous avons le plus souvent observés vivent dans la réserve de Masai-Mara, au Kenya. Celle-ci est située au sud-ouest du pays, à 260 kilomètres de la capitale, Nairobi. Elle ne forme qu'un seul écosystème avec le parc national du Serengeti, en Tanzanie. Créée en 1950, elle a été étendue en 1961 et portée à 1 510 km². Mais seuls 650 km² sont totalement protégés ; sur l'autre partie, appelée zone des ranchs, les pasteurs Masai pratiquent l'élevage, installent des villages qui, en général, sont temporaires. Le paysage est formé de grandes plaines et de collines bien rondes au sommet couvert de pierres, de rochers, d'arbres clairsemés et de buissons d'acacias épineux. L'altitude oscille ici entre 1 500 et 1 600 mètres, et la température reste modérée. Les visiteurs sont même surpris de la fraîcheur nocturne ! La rivière Mara et son affluent, la Talek, coulent en toute saison et des marais perdurent tout au long de l'année. De nombreux petits cours d'eau saisonniers, les *lagas*, souvent bordés de buissons et d'arbres, sillonnent les plaines. Tout cela crée de bonnes conditions pour que Masai-Mara soit l'une des plus riches zones en faune sauvage du Kenya.

Les rapports entre les espèces y changent sans cesse. Des populations se développent tandis que d'autres déclinent. Et quand survient la sécheresse ou la peste bovine comme celle de 1890 qui avait tué quatre-vingt-quinze pour cent des gnous et des buffles, les équilibres se modifient à nouveau. L'éradication de la peste bovine ainsi que l'augmentation des réserves alimentaires ont permis à l'effectif des troupeaux de gnous dans l'écosystème Mara-Serengeti de passer d'environ 250 000 dans les années 1950 à près de 1,5 million dans les années 1980.

L'apparence de la réserve se transforme avec les saisons. Au cœur de la saison sèche, la terre est brune, comme ravagée et les herbes complètement jaunies. Les animaux sont affaiblis. Puis les pluies arrivent. Dans les années qu'on peut qualifier de normales, elles sont là aux dates attendues : avril-mai pour les grandes pluies, mi-octobre-novembre pour les petites. L'herbe verdit rapidement et la boue occupe le terrain. Qui ne s'est pas embourbé à ce moment-là ? Les marais sont à nouveau infranchissables. Seuls les éléphants, les buffles et les kobs defassa, des antilopes de grande taille, peuvent s'y aventurer sans danger à la recherche de pâturages. Et surtout, la vie dans Masai-Mara est rythmée par la

40
Cette lionne de Tsavo (Kenya) est montée dans un arbre pour éviter un troupeau de buffles et essayer de repérer ses compagnes.

41
Même si elles n'ont pas l'agilité de la panthère, les lionnes montent facilement aux arbres et sont capables de bondir souplement. Les mâles adultes, beaucoup plus lourds, n'y parviennent qu'avec difficulté.

42-43
On dénombre une centaine de lions dans le cratère du Ngorongoro. Cette population connaît des problèmes liés à son isolement par rapport aux groupes du Serengeti voisin.

migration des gnous; dès le mois de juin, tout le monde semble attendre ces herbivores. La migration, liée au régime des pluies, n'est donc jamais précise dans ses dates et dans la forme qu'elle prend. Des processions interminables d'animaux, pouvant atteindre 40 kilomètres de long, avancent parallèlement en provenance de Tanzanie et tracent de profonds sentiers. Dans la marée qui progresse, des milliers de jeunes nés en février dans les plaines du Serengeti errent dans le troupeau pendant des jours après avoir perdu leur mère. Quand les animaux arrivent au bord de la Mara, des centaines d'entre eux se noient lors de la traversée, ce qui fait le régal des charognards, des varans, des poissons-chats et des crocodiles. Après les mois d'été, les gnous refont le chemin en sens inverse – retour vers le Serengeti.
Masai-Mara fait partie de la terre des Masai. Ceux-ci vivent à la périphérie de la réserve. Avant, ils se déplaçaient de façon saisonnière avec leurs troupeaux, suivant les pluies – comme pour la migration –, ce qui n'est plus du tout le cas aujourd'hui. Les herbivores entrent de plus en plus en compétition avec leur bétail qui est toujours plus nombreux, en particulier dans le nord de la réserve.
Masai-Mara est le royaume des prédateurs. Les lions, les plus faciles à trouver, sont répartis dans toute la réserve. Ils étaient 484 au recensement de 1992, adultes et jeunes, divisés en 22 troupes plus 74 nomades, une des plus hautes densités d'Afrique. Les territoires de ces troupes résidentes forment une grande mosaïque d'éléments de toute taille. La troupe que nous suivons depuis des années porte le nom de Bila Shaka. Elle vit sur la rive orientale de la rivière Mara, près du célèbre camp de toile de Governor's et des marais de Musiara. La troupe fréquente assidûment le sud du *laga* de Miti Mbili qui se situe derrière la piste d'atterrissage de Governor's. Beaucoup d'animaux sont attirés dans cette zone par les pâturages verts en toute saison. Les félins aiment se reposer au sommet des termitières, promontoires idéals pour garder un œil sur les herbivores, spécialement pendant la saison des pluies, quand les grandes herbes gênent tout particulièrement la visibilité.

44
*Le territoire de la troupe d'Intrepids, dans Mara,
comprend les berges de la rivière Talek,
qui est aussi le domaine de plusieurs léopards.*

45
*Ce jeune en train de boire, reconnaissable aux taches
noires derrière ses oreilles, est une femelle.*

46 et 47
Les lions du parc du lac Nakuru aiment emprunter la piste sous les grands acacias au petit matin ou le soir.

48-49
Gnous et zèbres sont les proies préférées de la troupe de Bila Shaka. Mais quand la migration est repartie, il leur faut trouver d'autres victimes.

50
La pluie vient de s'arrêter et le mâle secoue sa crinière pour la débarrasser des gouttes d'eau.

51 en haut et en bas
Même sous les averses, les lionnes restent couchées dans les herbes. Régulièrement, elles essaient d'éliminer l'eau de leur fourrure.

52
La couleur de la crinière des mâles varie beaucoup, du jaune pâle au brun très foncé. Les mâles à la crinière sombre seraient plus recherchés par les femelles.

53
Les lionnes couchées dans les herbes se font oublier des herbivores qui broutent autour d'elles en attendant le moment opportun pour chasser.

54
Plusieurs lions ont été réintroduits dans le parc de Nakuru, au Kenya. De temps en temps, ils flânent sur la rive du lac sous l'œil des flamants nains.

55
Le temps est couvert et la chaleur n'est pas aussi forte que d'habitude. La troupe déambule dans la plaine à une heure où elle est souvent en train de dormir à l'abri du soleil.

56-57
Vers 7-8 ans, le mâle est au maximum de sa puissance. Si tout va bien, il peut compter vivre encore quelques années à la tête d'une troupe.

ANATOMIE

Voir un lion mâle dans la force de l'âge se dresser parmi les hautes herbes le nez au vent est un spectacle magnifique. Sa puissance provient de ses 190 kg en moyenne, son 1,20 mètre au garrot et ses 3 mètres de longueur du museau au bout de la queue. Mais la taille des lions est très variable d'une région à l'autre. Ceux d'Afrique australe sont plus grands que ceux d'Afrique orientale ; la femelle est plus fine et de vingt à cinquante pour cent moins lourde qu'un mâle. Le dimorphisme sexuel est donc important, plus que chez les autres félins. La crinière, qui n'existe que chez les mâles, leur donne leur aspect majestueux. Elle commence à pousser à l'âge de 2 ans. Sa couleur varie beaucoup : de jaune pâle à brun foncé presque noir. Quand le lion a 5 ou 6 ans, elle peut atteindre 24 centimètres. Elle serait l'équivalent du masque d'un escrimeur, censée amortir les coups de patte dirigés vers la tête et le cou au cours des combats entre rivaux. La coloration des poils est déterminée génétiquement chez la plupart des mammifères, mais la crinière du lion peut s'assombrir ou se ternir avec l'âge, ou même tomber après une blessure. Tous les mâles ne sont pas égaux en ce qui concerne cet attribut. Seule une partie d'entre eux arbore une crinière très longue et très fournie. Dans certaines régions, comme dans le cratère du Ngorongoro ou le désert du Kalahari, les mâles à crinière noire se rencontrent fréquemment. Les scientifiques se penchent sur le sujet et essaient de mesurer l'impact de la taille et de la couleur de la crinière sur le statut social et les succès de reproduction de son porteur. Des lions factices à crinières claires ou sombres, plus ou moins fournies, sont présentés à des animaux sur le terrain. Les mâles testés sont plus méfiants vis-à-vis des « mannequins » aux crinières les plus longues et les femelles témoignent davantage d'attirance sexuelle pour ceux aux

58
La face des lions s'orne de courts poils blancs sur le menton, la bordure de la gueule et le contour des yeux.

59
Elma s'approche des buissons où ses compagnes s'abritent de la chaleur.

60-61
Les grands yeux du lion varient de l'or au marron, selon son âge et la lumière. Les mouches qui se posent autour sont les pires ennemies du félin.

crinières les plus sombres. Les chercheurs s'efforcent aussi de mesurer l'impact de l'hérédité et de la nourriture sur cet attribut. Ce qui n'est pas évident à réaliser car la plupart des jeunes mâles étudiés quittent le secteur de l'étude avant l'âge adulte ; il est donc très difficile de comparer les crinières des pères et des fils. Et de plus, pour établir la paternité, il faut faire des tests d'ADN. Ces dernières recherches portent donc principalement sur les animaux des zoos.

La tête du lion est très grosse, presque rectangulaire, terminée par un mufle large et arrondi ; ses mâchoires sont puissantes. Les dents montrent l'adaptation de l'animal à un style de vie de prédateur. Les canines sont longues (6 centimètres en moyenne pour le mâle) et très pointues, aptes aussi bien à saisir une proie qu'à combattre ; les molaires déchiquettent les morceaux de viande. Les dents permettent d'évaluer l'âge de l'animal. Les canines, d'un blanc crémeux chez les jeunes adultes, s'émoussent progressivement et se cassent avec l'âge. Elles prennent d'abord une couleur jaunâtre puis deviennent brunes comme du caramel. Parallèlement, les incisives tombent. Chez un individu très vieux, toutes les petites incisives sont absentes, et il en manque fréquemment une ou deux même chez les animaux très jeunes.

Un autre facteur permet de mesurer l'âge : le degré de mélanisme du museau. En effet, de rose chez les lionceaux, il devient noir chez les vieux adultes. Le mécanisme se produit par apparition puis grossissement de plusieurs petites taches de pigmentation noire qui surgissent en différents points. L'iris de l'œil varie de l'or au marron.

Les pattes, massives et puissantes, sont pourvues de griffes rétractiles qui permettent à l'animal de maintenir ses proies, mais aussi d'escalader les arbres, en tout cas pour les femelles et les lionceaux moins lourds. La queue se termine par un toupet de poils noirs et fournis qui dissimule une excroissance cornée en forme d'ergot, long de 6 à 12 millimètres. En agitant sa queue, le lion tente de limiter l'invasion des mouches, ses pires ennemies. Mais il exprime aussi par ses mouvements colère et mauvaise humeur.

La robe, couleur sable ou fauve, est rarement uniforme. Sur le ventre et sur la face interne des pattes, la toison se fait plus douce, plus longue et plus pâle. Il s'agit sans doute d'une forme de camouflage : on dissimule un objet massif en éclaircissant les parties qui se trouvent dans l'ombre. La nuit, à la lumière des étoiles, le félin prend un aspect uniformément gris. Le derrière de ses oreilles rondes est toujours noir, en contraste frappant avec le reste du corps. Le pelage laineux des petits est fauve clair tacheté de rosettes brun-noir ; leur fourrure s'unifie avec l'âge. Les lions se déplacent sans le moindre bruit : les coussinets doux de leurs pattes leur permettent de marcher sans être entendus, mais les rendent vulnérables aux épines.

62
Les points à la base des quatre ou cinq rangées de moustaches et les taches juste au-dessus permettent de reconnaître et d'identifier chaque lion.

63
Les femelles pèsent de 70 à 180 kg. Leur corps fin et musclé est plus adapté à la course que celui des mâles.

64
Champagne est en train d'observer un vautour qui plane au-dessus d'elle.

65
La fourrure fauve des lionnes est un excellent camouflage dans les hautes herbes jaunes.

66

Les lions communiquent par différentes expressions de la face. Celui-ci exprime son agressivité.

67

L'un bâille, l'autre pas ; pourtant, les bâillements sont en général très communicatifs au sein de la troupe.

68 et 69
La crinière des mâles a souvent été comparée au masque des escrimeurs. Elle est censée amortir les coups de patte dirigés vers la tête et le cou au cours des combats.

70
En 1992, ce mâle faisait partie des résidents de Bila Shaka. Comme beaucoup de ses congénères, sa face est marquée de cicatrices.

71
Quand ils le peuvent, les lions boivent tous les jours mais ils peuvent se passer d'eau pendant de longues périodes. La langue du félin n'est pas un outil très performant pour boire et les lions passent plusieurs minutes à laper l'eau.

72 et 73
Le bâillement est rarement signe de fatigue. Le lion bâille plutôt quand il va se lever ou quand il est nerveux, et il peut alors battre simultanément de la queue.

VIE SOCIALE

74 à gauche
Les orages surviennent même en saison sèche dans Masai-Mara et laissent derrière eux des flaques d'eau appréciées des lions.

74 à droite
Les termitières fournissent à la troupe de Bila Shaka un excellent site pour surveiller les plaines.

76
Les deux frères forment une fratrie où ils sont tous deux à égalité. Ils se portent mutuellement assistance.

77
Ces jeunes mâles nomades forment une association durable. Cette union leur permettra, une fois atteinte leur pleine puissance, de conquérir un territoire.

Onze heures du matin. Les lionnes de Bila Shaka et leurs grands lionceaux sont dissimulés sous des buissons. Serrés les uns contre les autres, tous dorment profondément. Certains sont allongés à plat sur le côté, la tête et les quatre pattes reposant inertes sur le sol. D'autres sont sur le dos, une patte dressée mollement vers le ciel – position très recherchée quand il fait chaud. Enfin, une des femelles est assise en sphinx, haletant très fort, son ventre plein de nourriture paraissant énorme. Seule une des lionnes, le menton posé sur le bout de ses pattes, lève un œil endormi vers nous. Les lions se reposent pratiquement près de vingt heures par jour, au Kenya comme ailleurs. D'où leur réputation de paresseux. Dès qu'il fait chaud, ils se réfugient à l'ombre. La troupe n'a pas de lieux de repos bien établis, tous passent leur journée dans n'importe quel coin d'ombre propice, non loin de l'endroit où l'aube les a surpris. Ce peut être dans un fourré, au fond du lit d'un ruisseau ou sous des acacias. Au fil des ans, nous avons néanmoins pu noter qu'ils ont des préférences suivant les périodes de l'année : certaines parties du laga, une zone de grands buissons disposés en cercle, le bord de la zone forestière près de Governor's camp… À Manyara, en Tanzanie, ou à Nakuru, au Kenya, certains lions dorment perchés dans de grands arbres, peut-être pour ne pas être dérangés par les buffles, nombreux dans ces deux parcs nationaux. Dans Masai-Mara, en tout cas, ils n'ont pas cette habitude.

Il y a six lionnes adultes dans la troupe en ce moment. Quatre générations vivent ensemble : d'abord Princesse, la plus âgée, sa fille, Aberlour, et sans doute deux nièces, Elma et Anieska. La troisième génération comprend Champagne et Krishna. Quant aux lionceaux, ils sont cinq et ont à peu près un an et demi – deux femelles et trois mâles. Deux des lionnes ne sont pas avec le groupe. Comme il n'y a pas de lionceaux en bas âge à surveiller et à élever, les liens entre les femelles de la troupe sont plus souples. De la même façon, les deux mâles, Superbe et Lieutenant, sont rarement avec elles. C'est pourquoi nous avons beaucoup de mal à les voir tous réunis.

Nous venons de quitter les deux mâles. Ils sont à environ 1 kilomètre de là, couchés à l'ombre d'un arbre. Nous les avons trouvés au petit matin, au milieu de la plaine, en train de sécher leur fourrure imprégnée de rosée. Ils se sont chauffés tranquillement au soleil. Puis la chaleur est devenue forte et, agacés par les mouches, ils se sont mis à frapper l'air de grands coups de queue énervés tout en regardant l'ombre de l'arbre qui se trouvait à une trentaine de mètres d'eux. Ils n'avaient même pas le courage de se lever et ont bâillé à en faire pitié. Finalement, Superbe, suivi de Lieutenant, s'est décidé à rejoindre d'un pas lourd, l'estomac traînant presque au sol, l'ombre tant convoitée.

Pour voir les lions autrement qu'en gros chats assoupis, il faut patienter jusqu'au soir ou venir au petit matin. Mais faut-il parler de paresse à leur sujet ? Peut-être devrait-on tout simplement parler d'efficacité. Pourquoi iraient-ils dépenser de l'énergie hors de propos ? Ils gèrent au mieux leur temps, attendant qu'il fasse frais ou sombre. Et, comme ce sont les plus gros prédateurs des écosystèmes où ils vivent, ils n'ont pas grand-chose à craindre des autres animaux ; le besoin d'être vigilant qui maintient beaucoup d'espèces en alerte n'existe pas chez eux. Nous laissons la troupe dormir et ne revenons qu'en fin d'après-midi. Lionnes et lionceaux commencent tout juste à se réveiller. Ils bâillent les uns après les autres. Cette réaction n'est pas due à la fatigue ou, comme chez les primates, n'est pas une façon d'intimider leurs rivaux. Étonnamment, les lions bâillent plutôt quand ils sont sur le point de se lever ou dans les situations où ils sont nerveux et mal à l'aise. Puis, la troupe passe à la séance d'étirements.

78-79
Si les lions restent indolents une grande partie de la journée, c'est d'abord pour éviter les grosses chaleurs mais aussi pour digérer.

80-81
Ces très jeunes lionnes s'amusent entre elles. Tout juste arrivées à maturité, elles devraient en principe vivre leur vie adulte au sein de leur troupe de naissance.

Les quatre pattes rassemblées, tête vers le bas, un grand lionceau fait le dos rond. Un autre préfère tirer sa croupe très haut, tout en abaissant les épaules et en tendant ses pattes avant toutes griffes sorties. Une des jeunes femelles part faire ses griffes sur un petit tronc. Elle est aussitôt rejointe par deux de ses compagnons qui l'imitent.
Nous allons ensuite revoir les deux mâles et attendons qu'ils se mettent en route, ce qu'ils font à la tombée du jour.
Bientôt ils font halte près d'un buisson et se dressent de toute leur hauteur, reniflant les petites branches en quête d'éventuelles odeurs. Ensuite, ils frottent leur tête et leur crinière contre le feuillage et se retournent, pour le marquer d'un jet d'urine. Puis, ils repartent tranquillement patrouiller sur le territoire de la troupe. Soudain, Superbe s'immobilise ; bien dressé sur ses pattes, il lève la tête et se met à rugir. Lieutenant l'imite aussitôt. Nous sommes tout près d'eux et le sol tremble autour de nous. Les lionnes leur répondent doucement. Très loin, nous entendons des mâles d'autres troupes qui leur font écho.

82
Comme il n'y a plus de jeunes lionceaux dans la troupe, celle-ci s'est scindée en plusieurs sous-groupes et Elma appelle ses compagnes manquantes.

83
Les femelles se font mutuellement leur toilette. Par contre, elles ne font pas celle des mâles.

LA TROUPE

Les lions sont les seuls félins à vivre en groupes sociaux. Les individus solitaires, principalement des mâles, représenteraient environ quinze pour cent des effectifs des populations.
À partir d'un échantillon de mille cinq cents lions étudiés pendant sept ans dans le Serengeti, les scientifiques ont calculé qu'une troupe est en moyenne composée de quatre à douze femelles adultes, d'une douzaine de lionceaux d'âges divers et d'une coalition d'un à sept mâles adultes. Il y en a très peu avec un seul mâle adulte et nous n'avons pas entendu parler de coalitions de plus de sept mâles. Le nombre de lionceaux peut varier énormément en fonction des naissances et des décès. Ce qui fait que, par moments, une troupe peut exceptionnellement atteindre quarante-cinq membres. Le type d'habitat et la densité de proies d'une saison à l'autre ont une influence capitale sur la taille des troupes. Celles-ci ont une structure souple. Ses membres ne seront pas toujours tous réunis au même moment mais cela n'empêche pas qu'ils appartiennent à la même unité sociale.
Le noyau de la troupe est constitué par les femelles qui sont apparentées entre elles, mères, filles, sœurs, cousines... Elles y sont nées, comme leurs mères et leurs grands-mères avant elles, et cela sans doute depuis bien des générations. D'après les études faites dans le Serengeti, on n'a relevé qu'un cas de femelle non parente rejoignant les lionnes d'une troupe. Ce phénomène serait un peu plus fréquent en Afrique australe. Les lionnes de la troupe restent généralement toute leur vie ensemble et vivent en harmonie. Il n'y a aucune hiérarchie entre elles. La notion de femelle dominante, si habituelle chez nombre de mammifères sociaux, n'existe pas chez les lions. Cela ne veut pas dire que les lionnes font toutes la même chose et de la même façon.
Le territoire appartient aux femelles. D'après toutes les études qui ont été menées, il reste stable sur des décennies. Ce sont donc les lionnes qui assurent la continuité des troupes. La superficie de ces territoires peut varier de 15 à 500 km². Dans le cratère du Ngorongoro, par exemple, elle est comprise entre 20 et 400 km² mais, dans le parc de Nairobi, la moyenne se situe entre 25 et 50 km². La taille des territoires dépend du type d'habitat, de la présence d'eau toute l'année et de l'abondance des proies. Il faut en particulier qu'il y en ait assez pour nourrir la troupe quelle que soit la période, saison des pluies ou saison sèche. C'est pour tenir compte de tous ces facteurs que certaines superficies sont immenses. Les territoires de troupes voisines peuvent se chevaucher. Les lions d'une troupe n'utilisent pas toute la surface de leur domaine de manière égale. Ils ont des zones de prédilection, et ce sont celles-là qu'ils défendront vraiment contre les intrus.
Quand les lionceaux de sexe féminin atteignent l'âge de la maturité, ils restent en principe sur leur territoire natal. Ces jeunes lionnes n'ont en effet pas intérêt à le quitter car elles ont appris à le connaître avec leur mère durant l'enfance : elles savent où sont les meilleurs sites de chasse en fonction des saisons, les meilleurs endroits pour mettre bas... Celles qui sont nées au sein de petites troupes s'intègrent en général très bien une fois parvenues à l'âge adulte, mais les jeunes femelles nées dans de grandes troupes ont beaucoup moins de chances d'y parvenir. Il faut que le nombre de proies augmente en conséquence.

84
Cette femelle a quitté la troupe en emmenant avec elle les lionceaux les plus âgés. Elle évite de croiser les nouveaux mâles résidents, très agressifs envers les jeunes, et reste dans la zone des marais.

Les émigrantes partent vers l'âge de 4 ans. Elles peuvent soit quitter complètement leur territoire de naissance, soit s'établir en créant un nouveau groupe à la périphérie ou sur une partie de leur territoire natal. Ce groupe peut alors constituer une nouvelle troupe à part entière qui aura ses propres mâles ou bien un sous-groupe de la troupe initiale. Dans ce dernier cas, il arrive régulièrement que les émigrantes rejoignent plus tard leur groupe natal quand elles sont en chaleur et que de nouveaux mâles apparaissent. Quand des sous-groupes se créent, ils concentrent leurs activités sur des parties différentes du territoire initial et s'évitent au maximum. Si, par hasard, ils se croisent quand même, les rapports entre eux demeurent pacifiques. Mais, au fil des mois et des années, les rencontres peuvent être si rares qu'ils finissent par se comporter comme des étrangers.

Certaines émigrantes parcourent parfois des distances considérables, se fixant loin de l'endroit où elles sont nées. Ce type d'émigration n'a pas encore été totalement étudié. Dans tous les cas, les lionnes qui quittent leur territoire natal mettent plus de temps à concevoir et vivent moins longtemps que celles qui y restent. Émigrer prélève donc un lourd tribut sur les femelles. Mis à part la taille des troupes et le manque de proies, une autre raison peut pousser les jeunes lionnes à l'émigration : l'arrivée au sein de la troupe de nouveaux mâles ; certaines préfèrent les fuir pour sauvegarder leurs lionceaux.

Les très vieilles femelles, quant à elles, ne sont en principe pas chassées de la troupe. En effet, elles en demeurent membres à part entière jusqu'à leur mort, même si elles ne sont plus en mesure de se reproduire ni de contribuer efficacement à la chasse.

La troupe de Bila Shaka a une histoire très fluctuante. En 1977, cinq jeunes lionnes arrivées récemment à maturité se sont éloignées des femelles plus âgées de la troupe et se sont alliées à trois mâles. Elles se sont attribué la partie du territoire couvrant les Marais, zone de chasse traditionnelle de la troupe en période sèche. Ce phénomène s'est reproduit plusieurs fois au fil des années, avec des variantes. La principale concerne les mâles. Pendant certaines périodes, c'est une seule coalition de mâles qui contrôle la troupe principale et le sous-groupe des Marais. À d'autres, chaque groupe est indépendant et a ses propres mâles. En 1996, quand Lieutenant et Superbe ont pris le pouvoir, un groupe de cinq lionnes vivait dans les Marais sans aucun mâle avec elles. Ce groupe, appelé les Sœurs du Marais, comprenait au départ trois femelles et évitait tout contact avec la troupe principale. Les Sœurs ont donné naissance à des lionceaux ces dernières années. Elles ont été récemment rejointes par deux autres femelles, probablement des parentes. Lieutenant et Superbe contrôlent les mouvements de ces femelles. Ils ont sans aucun doute engendré quelques-uns de leurs lionceaux, mais ils en ont tué aussi. Faute d'avoir un territoire bien défini et la protection constante d'une coalition de mâles, les Sœurs du Marais et leurs alliées continuent à avoir beaucoup de mal à élever des jeunes jusqu'à la maturité.

Les mâles adultes de la troupe, encore appelés mâles résidents, n'ont aucun lien de parenté avec les femelles. Ils viennent parfois de très loin pour prendre le pouvoir sur la troupe après en avoir chassé les précédents « propriétaires ». Les combats peuvent alors être très violents. Il arrive aussi qu'ils aient trouvé la place libre après la mort des anciens résidents ou leur départ volontaire vers une autre harde. La prise de pouvoir peut être un processus très lent. Les nouveaux arrivants s'installent à la limite du territoire convoité pendant quelques semaines, et même plus longtemps, puis y font des incursions. Enfin, un jour, les observateurs, s'ils

85
Les mâles résidents de la troupe d'Intrepids se font mutuellement leur toilette, une pratique moins courante que chez les femelles.

n'ont pas l'occasion d'assister au combat ou à la fuite des propriétaires, découvrent les nouveaux mâles établis avec les femelles au cœur du territoire, là où les anciens résidents ne leur auraient jamais permis d'accéder.

Les mâles forment des coalitions, ce qui est logique dans la mesure où ils doivent gagner l'accès à la troupe par la force, à coups de griffes et de dents. Un individu seul a peu de chances de vaincre. Les meilleures coalitions durent de deux à six ans, la moyenne étant plutôt de deux ans et demi. Après cela, une coalition rivale viendra et évincera les résidents, comme eux-mêmes l'avaient fait quelques années avant. Ce processus de changement périodique des mâles contribue à empêcher la reproduction entre les pères et les filles. Quand une femelle aura atteint 3 ou 4 ans et donc l'âge de procréer, une nouvelle génération de mâles aura certainement pris possession de la troupe et son père et ses oncles seront partis.

Pour mieux comprendre la venue des nouveaux résidents dans une troupe, il faut parler de ce qui se passe pour les jeunes mâles qui y sont nés quand ils arrivent à maturité. Les lionceaux mâles vivent d'abord comme leurs sœurs et leurs cousines. Les « propriétaires » de la troupe les tolèrent jusqu'à l'âge de 2 ou 3 ans environ. Puis ils doivent partir. Soit ils le font d'eux-mêmes, sentant s'amenuiser la tolérance des mâles et même parfois des femelles à leur égard, soit ils en sont chassés par les mâles. On peut citer le cas d'une troupe où l'un des deux mâles résidents a été tué par des intrus. Un des fils du mâle survivant, en âge de quitter la troupe, s'est battu aux côtés de son père et avec le renfort des femelles pour l'aider à conserver le territoire. La coalition ainsi formée s'est maintenue plusieurs années ; le fils n'a pas quitté sa troupe natale, mais cela demeure un cas exceptionnel.

Les jeunes mâles quittent donc la troupe seuls, ou le plus souvent par deux ou trois individus du même âge. Ils restent d'abord à l'intérieur de leur territoire de naissance, mais, très vite, ils deviennent nomades. Ils vont là où la nourriture est la plus facile à trouver et chassent ensemble. Ils se repaissent aussi de charognes. Leur vie est difficile. Dès qu'ils pénètrent sur les territoires de mâles établis, ils sont agressés. Ils le sont aussi par les meutes de hyènes qui leur volent leurs proies. Ainsi, s'ils n'ont pas quitté la troupe à plusieurs, frères et cousins, ont-ils intérêt à s'associer pour constituer des coalitions importantes en nombre. Même pour ceux qui quittent la troupe natale à plusieurs, les groupes familiaux peuvent éclater ; dans ce cas, ils chercheront eux aussi à nouer de nouvelles alliances au fil des rencontres. Une fois qu'ils ont trouvé leurs partenaires, les jeunes mâles demeurent ensemble pendant plusieurs années et parcourent des espaces très vastes.

Dans l'existence de tous les mâles, une période d'un à trois ans de vie nomade après l'adolescence est tout à fait normale. Après ces années d'errance, un groupe de jeunes nomades est capable physiquement de devenir l'élément mâle d'une troupe. Ils viennent alors rôder à la périphérie des hardes résidentes, guettant les signes de faiblesse ou de vieillesse des mâles dont ils prendront la place.

Les chercheurs ont longtemps cru que les coalitions de mâles étaient formées quasi uniquement d'individus apparentés, c'est-à-dire de frères et/ou de cousins issus de la même troupe natale. Après analyse de l'ADN des lions, ils se sont rendu compte que près de quarante-deux pour cent des coalitions comprennent en fait des mâles non apparentés. Plus précisément, les deux tiers des paires et presque la moitié des trios, ces deux types d'associations étant les plus nombreuses, ne sont pas de la même famille. Ainsi, dans la

86
Le mâle résident rugit pour marquer son territoire. Sa voix peut porter jusqu'à 8 km en terrain plat.

87
Peu après avoir pris la tête de la troupe, les nouveaux mâles s'accouplent avec les femelles. Pour provoquer leurs chaleurs, ils tuent les lionceaux présents à leur arrivée.

troupe de Bila Shaka, Lieutenant et Superbe ne sont pas apparentés, mais il est impossible de s'en rendre compte en les regardant se frotter avec enthousiasme et en défendant ensemble leurs intérêts. Dans la société des lions, il n'y a pas de rapport de dominance. L'égalité est la norme parmi les mâles comme parmi les femelles sauf s'il y a une très grande différence d'âge ou de taille entre eux. Dans ce cas, on peut observer une certaine inégalité dans les coalitions de mâles. En revanche, ces mêmes analyses d'ADN ont montré que lorsque les coalitions comptent plus de trois mâles, ceux-ci sont bien parents. Donc la recherche de partenaires entre non-parents ne se poursuit pas au-delà de trois membres.
D'autres conclusions ont pu être tirées de toutes les recherches: globalement, les grands groupes de mâles dominent les plus petits et, dans les plus importantes coalitions, les individus sont typiquement plus jeunes quand ils gagnent leur première entrée dans une troupe. Par conséquent, leur domination durera plus longtemps et ils auront plus de femelles dans leur domaine.
Alors, pourquoi les mâles solitaires ne recrutent-ils pas plus de partenaires, pourquoi les coalitions de deux ou trois ne passent pas à quatre ou même cinq individus? Ils seraient plus forts pour combattre leurs rivaux et garder la dominance sur les femelles. La réponse se trouve sans doute dans une sorte d'autoprotection génétique car, plus les mâles sont nombreux, plus la compétition entre eux est intense pour l'accès aux femelles et moins ils auront de chances de s'accoupler et de transmettre leurs propres gènes.
Les rôles entre mâles et femelles d'une troupe sont très différents. En résumant, on peut dire que les premiers défendent le territoire de la harde contre les étrangers tandis que les femelles chassent et élèvent les lionceaux, les mâles prélevant leur part en usant de la force.

Les mâles patrouillent sur tout le territoire ; ils se déplacent plus que les femelles – au cours d'une même nuit ils peuvent couvrir une grande distance. Ils épient, par la vue et l'odorat, tout envahisseur éventuel et ils cherchent les femelles en chaleur ou une proie abattue par les autres membres de la bande. Ils délimitent le territoire par des jets d'urine et les sécrétions de leurs glandes anales odorantes sur les arbustes, les touffes d'herbe ou les troncs d'arbre. Ou bien ils projettent leur urine sur leurs pattes arrière tout en grattant le sol. Et les glandes olfactives qu'ils ont entre leurs doigts laissent une marque odorante partout où ils se déplacent. Tout cela forme une sorte de barrière que même un homme à l'odorat moyen peut sentir (à une distance de 5 mètres, dit-on). Tout lion vagabondant par là « lira » l'avertissement. L'odeur peut persister plusieurs jours, voire des semaines et en identifie l'auteur par le sexe, l'âge, la taille et l'époque – une façon très économique de véhiculer l'information dans un secteur – et forme un lien supplémentaire entre les membres de la troupe. Les femelles déposent aussi des marquages odorants qui indiquent aux mâles de passage leur réceptivité sexuelle. Les mâles revendiquent également leur statut de propriétaire en rugissant. Leurs cris durent de trente à quarante secondes. Ce n'est pas un signe de chasse, comme on pourrait le croire ; ils montrent ainsi aux autres mâles du secteur que ce territoire-là est le leur. Ce « marquage sonore » agit sur un rayon très grand. Il peut s'entendre à plus de 8 kilomètres en terrain plat quand les circonstances sont favorables, en particulier quand les sons portent mieux à cause de l'humidité ambiante. Les femelles rugissent aussi mais de manière beaucoup moins grave et surtout moins forte. Les différents membres de la troupe reconnaissent les rugissements de leurs compagnons. Ils ont lieu surtout après le crépuscule et vers l'aurore. Mais ils peuvent aussi se poursuivre

à intervalles réguliers pendant toute la nuit. Les lionceaux ne peuvent pas vraiment rugir avant l'âge de 2 ans.

Tous ces rites d'évitement – marquage odorant, rugissements – réduisent les risques d'affrontement entre les mâles de la troupe et les étrangers. Les conflits de territoire avec les bandes voisines sont rares, comme si chacun connaissait les limites et les respectait. Si un intrus est surpris à l'intérieur du territoire, les propriétaires foncent aussitôt sur lui mais se contentent en général de le pourchasser avec force rugissements. Les combats avec ce genre d'indésirables occasionnels se terminent rarement par des blessures graves. Quand les chercheurs diffusent des enregistrements d'un mâle étranger en train de rugir à l'intérieur du territoire d'une coalition, la réponse est immédiate : les mâles de la troupe recherchent celui qui ose ainsi crier chez eux. Certains résidents sont allés jusqu'à attaquer un leurre rembourré placé à côté du magnétophone. Même si un mâle de la troupe est seul quand les scientifiques déclenchent l'enregistrement, il s'approche néanmoins de la machine, ce qui peut être suicidaire pour lui quand il entend les enregistrements de trois mâles différents et qu'il est seul contre trois adversaires supposés ! Quand les intrus ne sont pas là par hasard mais tentent de détrôner les mâles en place, les rencontres peuvent se révéler meurtrières. Les lions d'une coalition s'entraident lors du combat et le fait que certains ne soient pas apparentés n'influe en rien sur leur vaillance et leur coopération. Lors des essais avec le leurre, les scientifiques ont pu vérifier que les compagnons non apparentés sont aussi coopératifs que des frères.

Le rôle des femelles dans la chasse et l'éducation des jeunes sera étudié ultérieurement. Signalons qu'elles peuvent aussi mettre des mâles étrangers en fuite en présentant un front uni et numériquement important, même si leur rôle n'est pas de défendre le territoire.

Nous avons assisté à une scène intéressante avec les femelles de la troupe de Bila Shaka avant l'arrivée de Lieutenant et de Superbe. À cette époque-là [en 1996], la troupe n'avait plus de mâles – ils avaient disparu quelques mois plus tôt. Un intrus s'était installé depuis plusieurs semaines au-dessus des Marais. Un jour, il essaya de pénétrer vraiment au cœur du territoire. Les sept femelles que comptait alors la troupe avaient des lionceaux en bas âge et elles craignaient pour leur survie. Elles encerclèrent l'étranger. Chaque fois qu'il tentait de fuir, les lionnes le pourchassaient, le mordaient aux pattes et à l'arrière-train, l'obligeant à s'arrêter et à se retourner pour protéger sa croupe. Le combat dura très longtemps. Le mâle réussit à s'enfuir, mais il était sérieusement blessé. Deux des femelles furent elles aussi atteintes mais moins gravement que le mâle. Deux jours plus tard, celui-ci fut retrouvé mort des suites de ses blessures.

Les lionnes résidentes défendent contre les femelles des alentours leurs terrains de chasse favoris, leurs sites de mise bas et leurs trous d'eau. Elles suivent une stratégie plus prudente que leurs compagnons quand elles sont confrontées à des intruses. Si les scientifiques leur font entendre les enregistrements de rugissements de femelles étrangères, elles ne viennent les chasser que quand elles sont en nombre supérieur à celui des envahisseurs supposés d'au moins deux individus. Les lionnes s'attribuent ainsi une confortable marge de sécurité. Le nombre peut être une question de vie ou de mort. Dans Masai-Mara, par exemple, une troupe comportant seulement une ou deux femelles risque de mener une existence difficile, devant éviter les autres troupes et n'élevant que rarement des jeunes jusqu'à la maturité.

Il est rare de rencontrer en même temps tous les lions d'une grande troupe. Déjà, on peut presque dire qu'il y a deux sous-troupes, celle des mâles et celle des femelles. Les liens entre les

mâles peuvent être très forts, mais ils n'auront jamais des rapports aussi profonds avec les lionnes. Ils ne font jamais la toilette de celles-ci par exemple. Ils passent beaucoup de temps à l'écart de leurs compagnes et, même lorsqu'ils sont au même endroit, ils ont tendance à s'en éloigner d'une manière ou d'une autre, s'installant souvent à une dizaine de mètres.

Les lionnes ont entre elles des liens très forts qui peuvent varier en fonction de leurs affinités respectives. En effet, une femelle peut avoir des compagnes qu'elle apprécie plus que d'autres, tandis que certaines préfèrent être seules. Ces différences se remarquent surtout quand les lionnes n'ont pas de jeunes en bas âge à élever. Sinon, la cohésion est beaucoup plus forte. Cela dit, plus la troupe est petite, plus l'union entre les lionnes sera grande. Quand elles sont couchées ensemble, elles se tiennent très souvent à moins d'un mètre ou deux les unes des autres, se touchant même fréquemment. Les marques d'affection entre elles ne sont pas rares. Après avoir dormi ou chassé, les lionnes se saluent : chacune penche sa tête vers l'autre et frotte ses joues ou son front contre la tête de sa compagne. Ce salut peut se transformer en frottement prolongé et complexe des encolures et parfois des flancs. Ou, au contraire, il peut demeurer symbolique. Un lion qui passe près d'un compagnon au repos se borne souvent à pencher un côté de sa tête pour l'effleurer au passage. L'autre redresse ou penche la tête à l'avance, anticipant le salut. Les mâles adultes ont tendance à laisser les femelles leur faire des avances. Ils prennent rarement l'initiative du salut avec elles mais, par contre, se frottent souvent entre eux. Lorsqu'un lion rejoint un groupe dont il s'est absenté pendant quelque temps, on assiste souvent à une débauche de frottements de tête : cela dure plusieurs minutes et le nouveau venu va à tour de rôle vers chacun de ses compagnons. La peau au-dessus des yeux produit des sécrétions chimiques. Le frottement des têtes permet l'échange de ces sécrétions. Peut-être cette odeur est-elle reconnaissable par tous les membres de la troupe et forme-t-elle une sorte de carte de membre ? En tout cas, ces saluts sont le signe d'un lien social entre tous les individus d'une même harde.

Le « salut » est souvent suivi de la toilette. Le dessus de la langue est recouvert de papilles cornées, courbées vers l'arrière, utiles à la fois pour saisir les aliments, enlever la poussière, lécher le sang et extirper les parasites avant qu'ils aient le temps de se fixer. En fait, la langue peigne la toison autant qu'elle la nettoie. On a l'impression que les lions prennent du plaisir à lécher la face de leurs compagnons. Par contre, ils lèchent rarement les autres parties du corps, sauf les femelles qui font entièrement la toilette de leurs jeunes. La toilette sociale est plus fréquente entre les lionnes.

Les mâles adultes procèdent peu volontiers à leur toilette mutuelle, comme en témoigne leur crinière en broussaille. Cependant, les adultes tiennent leur corps très propre.

Mais comme dans toute communauté, les rapports entre les membres deviennent moins pacifiques lorsqu'un élément essentiel, telle la nourriture, vient à manquer.

88
Anieska mordille la nuque d'Aberlour, sans agressivité. Il n'y a pas de rapport de dominance entre les femelles de la troupe.

89
Un lionceau de plus d'un an est salué par sa mère.

90
Toutes les femelles adultes de la troupe sont sur le qui-vive. Une silhouette au loin les inquiète.

91
Les quatre lionnes regardent fixement les buffles devant elles.

92
Les lions s'adaptent partout à condition qu'ils trouvent de l'eau.

93

93
Les femelles de la troupe passent beaucoup de temps ensemble. Elles sont toutes apparentées entre elles.

94
Le départ en chasse commence par des jeux entre les lionnes. La chasse attendra…

95
Les lionceaux se poursuivent et essaient de s'attraper comme s'ils chassaient une proie.

96 et 97
*C'est un plaisir de voir jouer la mère
et ses grands jeunes, signe de leur pleine forme.
La troupe adore ces gros troncs couchés qui forment
un formidable terrain de jeux.*

98
L'un des mâles de la troupe de Bila Shaka s'est fait un jour attaquer par les femelles et l'autre mâle de la troupe, sans raison apparente. Puis tout est rentré dans l'ordre.

99
Un mâle nomade a été acculé dans un buisson par les mâles résidents. Il réussira à s'enfuir, mais en piteux état.

100 et 101
En 1996, les lionnes de Bila Shaka se sont coalisées contre un mâle qui essayait de prendre la direction de la troupe. Il mourra de ses blessures.

SEXUALITÉ

102 à gauche
Entre deux accouplements,
le couple peut être tendre.

102 à droite
Il n'y a pas de saison des amours
chez les lions. Les femelles peuvent
être en chaleur à n'importe quelle
période de l'année.

104
Nous retrouvons le couple au petit
matin tout près de là où nous
l'avions laissé la veille au soir.
Pendant les amours, les lions
se déplacent moins.

105
Crinière Brune lèche tendrement
une femelle en chaleur
avec laquelle il s'est isolé.

Nous quittons Mara quelques semaines. À notre retour, nous apprenons que Superbe et Lieutenant ont été vus plusieurs fois accompagnés de la même femelle. Celle-ci doit être en chaleur pour que les deux mâles restent ainsi avec elle. Aussi, nous essayons de les retrouver. La tâche devrait être facile, car un couple ne se cache pas et, même en pleine chaleur, ne cherche pas à s'abriter. Normalement, les lions ne font aucun effort pour se montrer. Il faut les pister dans le lit des lagas, au cœur des buissons denses ou dans les hautes herbes. Nous tournons méthodiquement tout autour de l'endroit où les trois lions ont été vus la dernière fois et les trouvons assez rapidement – ils ont parcouru peu de distance. Notre hypothèse se confirme. Aberlour est couchée à côté de Superbe. Lieutenant se tient à environ 50 mètres et semble observer ses compagnons avec envie. Les trois lions nous regardent approcher avec indifférence, comme à l'accoutumée. Pourtant, une fois, dans le Serengeti, nous avons été attaqués par un lion mâle qui était en plein accouplement quand nous sommes arrivés près de lui. Notre présence l'avait rendu très agressif et il se mit à charger sérieusement notre ancienne Land-Rover dont nous avions ôté les hauts de portière pour faciliter les prises de vues. L'attaque d'Attila, comme nous l'avons surnommé ensuite, nous avait pris de court et nous avait causé une belle frayeur.

Aberlour se lève et va uriner. Superbe la suit fébrilement à la trace et renifle l'urine plusieurs fois tout en faisant une grimace, la bouche ouverte, les narines retroussées, toutes ses dents découvertes et les yeux à moitié fermés. Puis mâle et femelle, en guise de préliminaires, frottent leur tête l'une contre l'autre et se reniflent sous l'aine. La femelle semble prête mais, au dernier moment, elle se dérobe et se roule par terre avant de se relever et de trottiner sur une cinquantaine de mètres. Puis, elle s'allonge à nouveau. Son compagnon insiste et elle finit par lui présenter sa croupe. L'accouplement peut avoir lieu ; il ne dure que quelques secondes. Aberlour gronde longuement et grimace comme si elle menaçait un adversaire. D'abord silencieux, Superbe émet une sorte de miaulement de détresse lorsque le plaisir approche et il mord la nuque de sa partenaire. À la fin du coït, Aberlour lance une gifle, griffes rétractées, sur son compagnon qui se dégage rapidement. Ensuite, elle se recouche à quelques mètres, bientôt rejointe par Superbe. Dix minutes plus tard, ils recommencent à s'agiter et s'accouplent à nouveau. C'est le début de la période des chaleurs et le temps est bref entre deux accouplements. Toute la journée, Lieutenant se tient à distance, il n'essaie même pas d'approcher. Des gnous viennent à quelques mètres du couple mais celui-ci les ignore. Pendant la semaine qu'ils vont passer ensemble, Aberlour et Superbe ne chasseront pas et mangeront très peu, profitant une ou deux fois des chasses d'autres femelles de la troupe. Dès qu'Aberlour se déplace, Superbe la suit pas à pas. Cela dure ainsi plusieurs jours, la seule différence étant qu'un matin Lieutenant n'est plus au rendez-vous. Nous comprendrons le lendemain pourquoi : Anieska est elle aussi en chaleur et il s'est attaché à ses pas. La fréquence des accouplements entre Aberlour et Superbe finit par diminuer. Les deux lions nous paraissent amaigris, ce qui ne surprend pas !

Les lionnes en chaleur ont un comportement sexuel prononcé, elles cherchent activement un partenaire. En général, il s'agit d'un des mâles de la troupe mais, s'ils sont partis en vadrouille – comme cela leur arrive assez souvent –, elles peuvent aussi prendre pour partenaire un mâle nomade qui traverse le territoire ou s'en choisir un parmi les troupes voisines. Parfois, elles vont audevant de mâles en train de rugir. De même, les mâles d'une troupe s'accoupleront avec toutes les femelles en chaleur qu'ils rencontrent ; par contre, ils chassent du territoire toute femelle étrangère qui n'est pas réceptive.

Quand elle a trouvé un mâle, la femelle en chaleur se déplace la queue en l'air et se frotte contre lui ou se vautre à ses pieds et le provoque. Le mâle suit fébrilement sa trace car elle arrose son chemin des sécrétions de ses glandes anales, mêlées à son urine. Il renifle celle-ci plusieurs fois puis lève la tête en posture de « flehmen », babines retroussées. Toute odeur forte provoque cette réaction. Comme beaucoup d'autres mammifères, les lions ont un organe spécialisé pour détecter les odeurs appelé organe « voméronasal » qui leur permet entre autres d'apprécier le taux d'hormones de la femelle et donc sa réceptivité. Parfois, les mâles sont plusieurs à suivre ainsi la lionne en chaleur, très excités, le poil de la crinière ébouriffé, la queue dressée, et ils tournent nerveusement autour d'elle. Le plus fort intimide les autres et les fait reculer. Il y a en fait peu de rivalités entre les mâles de la troupe pour une femelle en chaleur. Ensuite, le prétendant ne quitte plus sa partenaire. Mais s'il abandonne sa place, il y a en général un autre mâle qui guette, à une centaine de mètres de là ; sinon, la femelle se cherchera ellemême un nouveau partenaire. Il arrive aussi que ce soit la lionne elle-même qui prenne l'initiative du changement, estimant sans doute que l'activité sexuelle du premier n'est pas à la hauteur de ses attentes.

Il n'y a pas de saison des amours chez les lionnes. Elles sont réceptives plusieurs fois par an en dehors des périodes de gestation et d'allaitement. Leurs chaleurs sont d'une irrégularité étonnante ; elles sont tantôt espacées de deux à trois semaines, tantôt de plusieurs mois. Leur fréquence dépend de l'abondance en gibier. Ces chaleurs durent d'un jour à plus d'une semaine, mais la plupart de deux à cinq jours. Dans une troupe, les femelles ont tendance à synchroniser leurs périodes de fertilité. Peut-être que la première lionne en chaleur dégage une odeur qui agit sur ses compagnes, à moins que ce ne soient les mâles qui produisent une phéromone particulière. Ainsi, quand dix femelles d'une troupe entrent en chaleur en même temps, il y a de furieux accouplements – pendant des semaines, les mâles, éreintés, se consacrent exclusivement à cette tâche. Cette fois-là, vingt-sept lionceaux verront le jour. Notons que d'autres espèces connaissent aussi des synchronisations de ce type. Elles peuvent même se généraliser à toutes les femelles d'une population comme dans le cas des gnous en Afrique de l'Est où près de quatre-vingts pour cent de celles âgées de plus de 3 ans mettent bas sur une période de trois semaines qui débute fin janvier.

Comme tous les félins et donc comme les chats domestiques, les lions sont des « ovulateurs par induction » – c'est-à-dire que la libération de l'ovule hors de l'ovaire ne se produit qu'à l'issue de l'accouplement. Ce mécanisme est particulièrement adapté chez les espèces où la femelle est solitaire. Par exemple, une femelle guépard n'est absolument pas sûre

106
Le dimorphisme sexuel entre mâles et femelles est très marqué. Les mâles sont plus longs, plus lourds et plus imposants que les femelles, et sont coiffés d'une crinière.

107
La lionne en chaleur a un comportement sexuel prononcé. Si les mâles de la troupe sont partis en vadrouille, elle peut se choisir comme partenaire un mâle d'une autre troupe ou un nomade.

qu'il y ait au moins un mâle dans les environs quand elle est en rut. S'il n'y a pas accouplement, donc pas d'ovulation, ce n'est pas trop grave car la femelle guépard sera alors très vite de nouveau en chaleur. En revanche, ce type d'ovulation est beaucoup moins logique pour des femelles qui vivent en groupes sociaux comme les lionnes : elles ont en principe des mâles à leur disposition au sein de la troupe. Ce mécanisme est sans doute un héritage de l'époque où les ancêtres des lions étaient des solitaires.

Le phallus du mâle est recouvert de granulations piquantes. Si la pénétration est indolore, le retrait, en revanche, provoque chez la femelle une violente douleur. Celle-ci serait le stimulus déclencheur de l'ovulation. C'est à ce moment que, en réaction à la douleur, la lionne devient agressive et que le lion bondit en arrière pour éviter de recevoir un coup de patte que lui envoie sa partenaire. L'accouplement lui-même ne dure que quelques secondes, mais il se répète fréquemment – toutes les vingt minutes environ – pendant les chaleurs de la femelle, soit une moyenne de cinquante fois en vingt-quatre heures. George Schaller a décompté trois cent soixante accouplements en huit jours. Seule une espèce qui n'a rien à craindre des autres peut s'investir autant dans l'activité sexuelle. Même à la fin de cette période très fatigante, les lions ne sont pas plus vulnérables aux autres prédateurs.

L'endurance des mâles, absolument impressionnante, s'est sans doute améliorée au cours de l'évolution ; la sélection a joué dans le sens de mâles plus forts et plus résistants sexuellement. Mais paradoxalement, le processus semble être d'une inefficacité surprenante en matière de reproduction. En effet, malgré une moyenne de plus de trois cents accouplements par période de chaleurs, la lionne ne donnera naissance qu'une fois sur quatre ou cinq, soit une portée pour plus de mille accouplements en moyenne. S'il est nécessaire que les ovulateurs par induction s'accouplent souvent – puisque cela augmente les chances que le mécanisme réflexe de l'ovulation se produise –, trois ou quatre jours d'activité sexuelle très intensive ne sont pas forcément utiles du point de vue de la reproduction.

Néanmoins, ces performances sexuelles remarquables du point de vue quantitatif – le nombre d'accouplements – offrent en contrepartie un amoindrissement qualitatif. En effet, au fil des accouplements, le sperme des lions devient de moins en moins riche, voire complètement inefficace au bout d'un certain nombre d'éjaculations. Cette frénésie d'accouplements perd donc son rôle strictement reproductif. Le mâle y est en fait contraint pour répondre à la demande de la femelle tout au long de sa période de fertilité, au risque, sinon, de voir sa partenaire rejoindre un autre mâle. Il court alors le risque d'avoir déclenché l'ovulation sans fertiliser l'ovule – son sperme n'étant plus assez riche – et de permettre ainsi à un autre d'engendrer à sa place. En prolongeant ses assiduités auprès d'une même femelle malgré la pauvreté progressive de son sperme, au moins notre mâle empêche-t-il ses concurrents éventuels de procréer et de le déchoir de son rôle.

Le comportement naturel des mâles prenant le pouvoir sur une troupe est de tuer tous les jeunes en bas âge qui sont avec les lionnes lorsqu'ils s'installent. Pourquoi ce phénomène ? Les mâles sont en pleine possession de leurs moyens physiques vers l'âge de 6 ans environ. C'est seulement à cette époque de leur vie qu'ils peuvent espérer être capables de combattre avec succès les mâles résidents d'une troupe.

108
Le mâle s'accouple près de deux cents fois avec sa partenaire sur une période de trois à cinq jours. Malgré cette cadence infernale, les chances de procréation sont faibles.

Une fois qu'ils ont pris le pouvoir, ils ne pourront pas le garder très longtemps, deux ou trois ans en moyenne, comme on l'a vu. Après quoi, ils sont eux aussi évincés de la troupe. Il faut savoir que les mâles à l'état sauvage vivent rarement plus de douze ans et ne sont plus dans la force de l'âge après 9 ans. Or, les lionceaux sont très longtemps dépendants de leur mère et l'intervalle entre les naissances est en moyenne de dix-huit mois à deux ans. Les mâles qui laisseraient les lionnes finir d'élever les jeunes présents à leur arrivée devraient attendre au moins un an pour engendrer eux-mêmes leur propre progéniture. Cela veut dire qu'ils contribueraient dans ce cas à protéger et à amener à maturité la descendance de leurs prédécesseurs. En revanche, s'ils tuent les lionceaux, les femelles seront prêtes à s'accoupler avec eux quelques semaines après. L'intervalle entre les naissances sera réduit, ce qui est le but recherché. Les calculs effectués par les scientifiques donnent une moyenne d'environ quatre mois entre la prise de pouvoir de nouveaux mâles et le fait que les femelles soient à nouveau fécondées.

Cet infanticide n'est pas exceptionnel dans le monde animal. Il se retrouve chez certaines espèces où les mâles n'ont accès aux femelles que pendant un temps limité de leur vie sexuelle et où la période moyenne entre les naissances pour chaque femelle est longue. On peut ainsi citer le cas des hippopotames où les nouveaux mâles dominants tuent aussi les jeunes en bas âge lors de leur prise de pouvoir.

Ces périodes de transition entre deux coalitions de mâles peuvent perturber complètement la vie d'une troupe. Il est vrai qu'en général les mères défendent assez mollement les très jeunes lionceaux contre les nouveaux mâles, peut-être tout simplement parce que cela n'en vaut pas la peine. Ces nouveau-nés sont relativement peu précieux même pour leur mère, car elle peut les remplacer vite et souvent au cours de sa vie dont la période reproductive est d'environ onze ans. Qui plus est, le risque qu'ils meurent avant l'âge d'un an est de toute façon très élevé. Néanmoins, certaines lionnes ayant de très jeunes lionceaux essaient de combattre les arrivants. Comme elles sont beaucoup moins fortes que les mâles, les mères perdent généralement dans un combat à un contre un. Lorsqu'elles s'associent, en revanche, elles réussissent parfois à protéger leur progéniture. Les lionnes qui ont des lionceaux plus âgés ou des subadultes fuient parfois avec eux à l'arrivée des nouveaux mâles et, ensuite, font tout leur possible pour éviter le contact avec les nouveaux venus. Elles deviennent quasiment des fugitives sur leur propre territoire où elles ne sont plus en sécurité, et elles ne sont pas non plus les bienvenues sur les territoires adjacents. Occasionnellement, elles viennent rejoindre leurs compagnes lorsqu'elles ont tué de grosses proies, mais sans leurs jeunes. Leur but est d'essayer de les protéger jusqu'à ce qu'ils soient aptes à se débrouiller seuls. Alors, dans certains cas, il peut se passer des mois, voire des années avant que toutes les lionnes de la troupe soient à nouveau réunies.

Très souvent, les différents guides sur l'Afrique expliquent que les mâles tuent les jeunes pour amener les femelles à être en chaleur, et qu'elles ne le sont pas tant que les jeunes qu'elles élèvent n'atteignent pas environ 18 mois. Mais ces affirmations ne sont peut-être pas exactes. En effet, si l'on prend l'exemple des chats domestiques, les chattes sont à nouveau en chaleur alors que leurs petits ne sont pas encore sevrés et il n'y a pas de raisons physiques particulières qui empêcheraient les lionnes de réagir comme les autres félins

109
Ce matin-là, Crinière Noire et la femelle se sont accouplés toutes les sept ou huit minutes. Ils ont ensuite ralenti la fréquence de leurs ébats.

à ce propos. Des chercheurs au Botswana analysent depuis quelque temps les fèces des lionnes et étudient le rapport entre la présence d'hormones reproductives et le comportement des mâles – quand il y a un taux élevé d'œstrogènes, les lions ont la grimace du flehmen. Ces scientifiques pensent que les lionnes sont en chaleur avant que les lionceaux ne soient sevrés. Pourtant, ils constatent en même temps que, même s'il n'y a pas de changement de mâles, elles n'attendent pas de nouvelle portée avant que leurs jeunes ne soient élevés – comportement logique vu le temps très long où ils sont dépendants de leur mère. Ces deux éléments semblent contradictoires. En fait, il est sûr que les femelles montrent peu d'intérêt pour les mâles durant toute cette période de dépendance et qu'elles les repoussent chaque fois qu'ils veulent copuler. Malgré cela, ceux-ci continuent à se coller à elles, même s'ils ont peu de chances de réussir à s'accoupler, surtout si les lionnes sont en groupe. Isolée, une femelle peut être forcée de le faire, mais de tels accouplements sont moins longs, jamais plus d'un jour, et ne stimulent sans doute pas l'ovulation. Donc les lionnes pourraient très bien être de nouveau en chaleur beaucoup plus tôt qu'on ne le pensait, mais sans être à nouveau fécondées. Elles seraient donc capables d'ignorer les messages qu'elles reçoivent de leurs hormones tant que leurs jeunes sont dépendants d'elles.

Si l'on souscrit à cette hypothèse, l'explication de l'infanticide est légèrement différente même si le résultat, la paternité des nouveaux mâles, est identique : ils ont besoin de tuer les jeunes non pour amener les femelles à être en chaleur, mais pour modifier leurs comportements et les rendre réceptives à l'accouplement. Par ailleurs, à l'arrivée des nouveaux mâles, les observateurs ont souvent remarqué que les lionnes ont une période d'activité sexuelle intensive, cherchant partout des partenaires et s'accouplant fréquemment. Testent-elles ainsi l'endurance sexuelle de leurs partenaires et leur capacité à conserver le contrôle sur la troupe, ou bien renforcent-elles les liens avec ces nouveaux mâles ? À moins que cela ne donne le temps à des coalitions plus fortes de mâles de découvrir la troupe et de s'en emparer. En tout cas, les lionnes ne sont pas fécondées tout de suite. Les raisons peuvent être diverses. On a vu que, de toute façon, tous les accouplements ne donnent pas de résultats, même quand les mâles ne changent pas. Et puis, l'arrivée de nouveaux mâles, en perturbant la vie des femelles, en les mettant en danger lorsqu'elles défendent des jeunes, provoque peut-être chez elles l'apparition d'hormones de stress qui contrarieraient la production des hormones nécessaires à l'ovulation. Les femelles seraient en chaleur normalement, mais elles n'ovuleraient pas.

Certains lions laissent une nombreuse progéniture, alors que d'autres meurent avec peu ou pas de descendance. Les scientifiques ont calculé qu'un mâle d'une grande coalition engendre statistiquement plus de descendance que celui qui est membre d'une petite. Mais ce calcul donne une moyenne par individu dans la coalition ; il ne tient pas compte de la réalité de la paternité. En effet, en complétant leurs études, les chercheurs ont ensuite prouvé par les tests d'ADN que tous les mâles d'une coalition ne sont pas égaux à ce point de vue. Le premier mâle à trouver une femelle en chaleur veille ensuite jalousement sur elle, s'accouplant de manière répétitive. Le fait que les lionnes d'une troupe soient souvent en chaleur en même temps permet sans doute une réparti-

tion des paternités, mais, dans l'Okavongo par exemple, la simultanéité des chaleurs ne serait pas une règle si souvent respectée. De toute façon, les différentes études faites montrent que dans les coalitions qui comportent trois mâles ou plus, il n'y a pas de partage équitable entre eux – sur des centaines de lions entrant dans cette catégorie, ce sont souvent les mêmes qui engendrent la plupart des jeunes de la troupe. Tant que l'on croyait que les mâles des coalitions étaient tous apparentés, cette façon de fonctionner ne soulevait pas trop de questions. Tous les individus trouvaient un intérêt à défendre en commun le territoire, à donner aux jeunes toutes les chances d'arriver à maturité. Leur altruisme était récompensé puisque les gènes familiaux transmis par les frères ou les cousins étaient sauvegardés. Mais depuis que l'on sait que même les mâles non apparentés participent autant que les autres à ces coalitions, on peut se demander où se trouve leur intérêt en matière de reproduction : certains renoncent à leur paternité tout en dépensant leur énergie à sauver et à élever les jeunes des autres. Certes, en s'associant, ils gagnent l'accès à une troupe et aux femelles, ce qu'ils ne pourraient faire seuls, mais pour quel bénéfice ? Seules les associations de deux mâles répondent à un critère d'égalité : chacun d'eux participe équitablement à la procréation. Donc, même s'ils ne sont pas apparentés, il n'y a pas de problème.

Malgré la non-égalité entre les mâles, les coalitions de trois avec des non-apparentés sont nombreuses. Cela est assez contraire à la théorie de Darwin sur l'évolution. En revanche, cela pourrait expliquer pourquoi les associations entre non-apparentés se limitent à trois individus. Les bénéfices en matière de paternité seraient vraiment trop faibles…

On a longtemps pensé que les mâles résidents engendraient tous les lionceaux au sein d'une troupe. Cela a largement été considéré comme une preuve convaincante des avantages qu'auraient les mâles à s'emparer d'une troupe par rapport aux risques qu'ils prennent. Dans l'Okavango, les chercheurs ont vu bien des cas où les lionceaux pourraient ne pas être apparentés aux mâles résidents. Les études se poursuivent. Et puis, que se passe-t-il quand les femelles de la troupe sont déjà grosses lorsque les nouveaux mâles s'emparent du pouvoir ? Il y a sans doute des avortements spontanés. Certains scientifiques disent que les lionnes simuleraient alors des chaleurs pour s'accoupler avec les nouveaux mâles. Un tel comportement existerait aussi chez les primates pour tromper les mâles et leur faire croire que les jeunes nés ensuite sont les leurs – une protection contre l'infanticide. Plus simplement, la production d'un taux élevé d'œstrogènes pendant la fin de la grossesse – pic détecté par les mâles – peut aussi leur faire croire qu'elles sont en chaleur. Si ces lionnes ne refusent pas l'accouplement, les jeunes qui naissent ensuite seront acceptés par les arrivants comme les leurs. Cela est une explication possible… dans la mesure où ils ne savent pas compter !

La vie des mâles nomades n'est pas parfaitement connue. Elle a encore besoin d'être étudiée. En tout cas, ces nomades attachent irrégulièrement leurs pas à des femelles nomades ou résidentes de quelques jours à quelques semaines en fonction de la vigilance des mâles résidents. Ils gagnent ainsi des repas en les accompagnant lorsqu'elles chassent. De même, ils s'accoupleront avec toute femelle en chaleur qu'ils croiseront sur leur chemin, y compris celles des troupes établies. Leur vie n'est pas facile car ils doivent souvent

110
Le couple se repose sans soucis entre deux coïts. Pendant plusieurs jours, ils ne vont ni chasser ni manger.

111
Ce couple de Bila Shaka ignore totalement les gazelles qui les regardent tout de même avec un peu d'inquiétude.

112
La lionne est en chaleur, mais elle n'est pas encore décidée à s'accoupler. Elle repousse donc un moment les avances du mâle avant de finir par lui présenter sa croupe.

113
La fin de l'accouplement est violente. Crinière Noire se dégage rapidement de la femelle devenue très agressive.

chasser par eux-mêmes et peuvent à tout moment se faire attaquer par les mâles résidents quand ils traversent leur territoire. Normalement, un mâle est nomade au début de sa vie adulte, puis après avoir été chassé d'une troupe par des prétendants. S'il a de la chance et s'il n'est pas seul, il peut intégrer une autre troupe. Les vieux lions se retrouvent de toute façon seuls et sont forcés de chasser à nouveau. Ils se battent sans cesse avec les hyènes pour s'emparer de proies tuées par d'autres prédateurs. Beaucoup sont blessés. Dans Masai-Mara, ils sont tentés d'aller chercher des proies faciles dans les bomas des Masai, et ils se font tuer. En dépit de toutes ces vicissitudes, certains mâles vont rester nomades toute leur vie. Est-ce véritablement un choix ou bien n'ont-ils jamais eu l'occasion ou la force de devenir des résidents ? Il est très difficile de répondre à ces questions. De même qu'il est difficile de savoir s'ils ont pu engendrer une descendance.
Les mâles nomades sont très intéressants en termes de génétique. Ils font souvent la liaison entre des populations dispersées et permettent que les gènes circulent, que la consanguinité reste à un niveau acceptable.
Certains scientifiques se demandent pourquoi les mâles ne partent pas de la troupe quand les jeunes ont atteint l'âge où ils ne risquent plus l'infanticide – c'est-à-dire quand ils ont plus d'un an. Ils pourraient laisser les jeunes aux soins de leurs mères et chercher d'autres opportunités. De fait, de tels abandons de troupe se sont produits au Serengeti, dans le Kruger et dans l'Okavango. Les mâles engendrent alors des jeunes avec les femelles des troupes environnantes. Même s'ils n'abandonnent pas leur troupe, tous les mâles résidents ont tendance à explorer les frontières de leur propre territoire, à partir à la recherche de femelles additionnelles pour s'accoupler. Ce qui les empêche de le faire plus souvent est la présence des propriétaires des territoires voisins.
Certains dirigent parfois deux troupes en même temps. Qu'ils soient nomades ou sédentaires, les lions mâles cherchent toujours à étendre leur influence.

114
Le mâle renifle l'urine de la femelle, babines retroussées en un rictus caractéristique. Il évalue ainsi le taux d'hormones dans les urines.

115
La pluie ne calme pas les ardeurs du couple. La femelle n'hésite pas à mettre une grande gifle au mâle à la fin du coït.

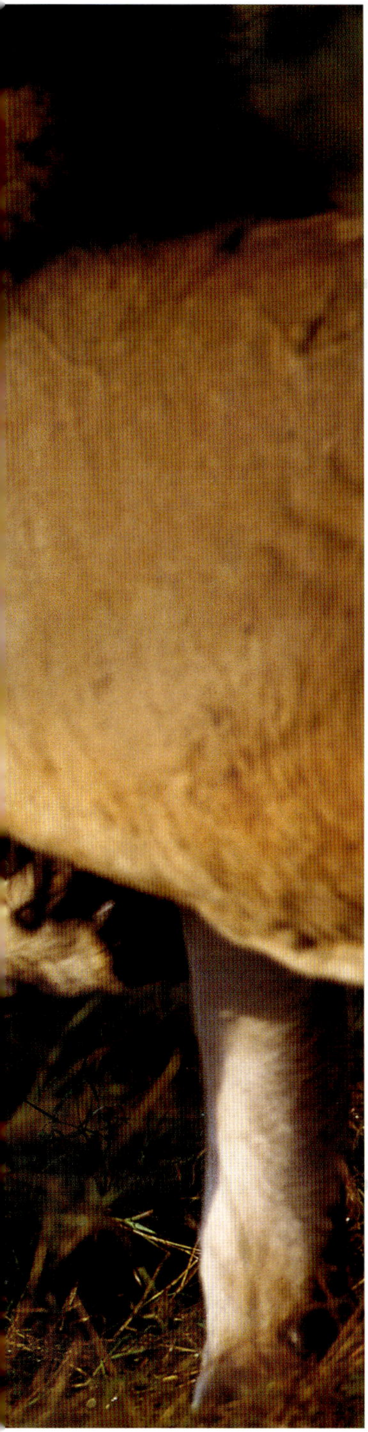

116 et 117
Cette lionne ne veut absolument pas s'accoupler, et elle entend bien le faire savoir au mâle.

118
Crinière Noire suit la femelle pas à pas tout en reniflant son odeur.

119
Crinière Noire mord la nuque de sa partenaire pendant le coït qui ne dure que quelques secondes. D'abord silencieux, il se laisse aller à émettre une sorte de miaulement vers la fin.

120
Anieska n'est plus en chaleur. Elle veut rejoindre ses compagnes et écoute leurs appels pour savoir où les rejoindre.

121
Par la fréquence de ses accouplements, le lion mâle est symbole de force et de virilité chez beaucoup de tribus africaines.

LA FAMILLE ET L'ÉDUCATION DES LIONCEAUX

122
Trois lionnes de Bila Shaka ont laissé leurs jeunes pour aller chasser. La synchronisation des naissances dans une troupe favorise la survie des lionceaux.

124
Ces jeunes mâles ont quitté leur troupe de naissance, chassés par les résidents. Ils rôdent encore sur le territoire familial.

125
Les lionnes ont en moyenne entre deux et cinq bébés. Mais le taux de mortalité reste très élevé jusqu'à 1 an.

Cette année-là, nous sommes de retour dans Mara en juillet après plus de trois mois d'absence. Nous retrouvons Champagne avec trois petits tout juste âgés de 5 semaines et Krishna qui en a aussi deux à peu près du même âge. Elle est couchée avec eux dans les buissons. Princesse et Elma sont là aussi. Les lionceaux de cette dernière sont nés l'hiver dernier et ont maintenant près de 6 mois. Les femelles passent presque tout leur temps au bord du laga. Les premiers gnous arrivent du Serengeti et il y a profusion de nourriture pour les lions. La migration a une forte influence sur la survie des jeunes lionceaux car les mères produisent plus de lait quand elles sont bien nourries. Superbe et Lieutenant dorment juste à côté du groupe. Les plus jeunes tètent en poussant de petits cris et tirent avidement sur les tétines. Lasse, Champagne les repousse, et ils se pelotonnent contre elle. Leur arrivée au sein de la troupe est toute récente. Nous ne voyons ni Aberlour, ni Anieska. Nous passons nos journées près de la troupe et la quittons à la nuit tombée pour la retrouver à l'aube. Les femelles ne partent pas très loin pendant la nuit et reviennent tôt le matin ou même sont déjà là à notre arrivée. Les jeunes d'Elma, déjà quasiment sevrés, s'emparent régulièrement des tétines de Champagne ou de Krishna dont les petits grondent avec une intensité surprenante pour leur âge et essaient sans succès de défendre leur place. Les deux mères acceptent un moment les grands lionceaux avant de les repousser. Le quatrième matin, nous partons à la recherche des lionnes manquantes, patrouillant le long du laga en direction du marais. Soudain, nous apercevons une femelle aux tétines très apparentes avec des anneaux sombres autour des aréoles. C'est Aberlour. Nous la suivons à distance et elle nous mène dans le creux du laga vers une cachette que nous connaissons bien. Nous y avons passé beaucoup de temps quand Princesse, trois ans auparavant, y avait elle-même dissimulé sa portée. Les lionnes de Bila Shaka s'aventurent rarement dans une autre partie de leur territoire pour mettre bas. Il y a tant d'endroits propices et tranquilles pour y cacher des lionceaux ! Nous stoppons notre véhicule à quelques mètres d'Aberlour de façon à la distinguer au fond du fossé. Nous apercevons de temps en temps quatre petites taches fauves. Même si notre champ de vision est limité, nous estimons leur âge à environ 3 semaines. Aberlour s'est couchée et les laisse boire. Quand elle se retourne, nous nous demandons comment ses bébés ne sont pas écrasés sous son poids. Mais non, nous les voyons réapparaître de l'autre côté ! Un véhicule s'approche de la cachette. Ses passagers essaient eux aussi de voir quelque chose. Mais ils sont arrivés trop bruyamment et Aberlour se redresse en montrant les dents, très agressive. C'est une période où il ne fait pas bon l'approcher !

S'il n'est rien arrivé de fâcheux à Anieska, elle doit aussi se terrer quelque part avec sa portée car elle s'est accouplée peu de temps après ses compagnes. Elle aurait dû mettre bas ces dernières semaines. Jour après jour, nous nous tenons à l'endroit où se trouve Aberlour ou auprès du reste de la troupe. La nuit, Aberlour part chasser en laissant ses jeunes seuls, sans protection. Parfois, elle rejoint ses compagnes le temps de quelques embuscades, sinon, elle s'attaque seule aux nombreux gnous du secteur. Un matin, à l'aube, nous cheminons en parallèle avec des hyènes. Elles se dirigent comme nous vers la cachette des lionceaux. Aucune trace d'Aberlour, qui n'est pas encore rentrée de son expédition nocturne. Nous savons que nous ne devons pas intervenir, mais nous craignons pour la survie des bébés. Les hyènes arrivent tout près des lionceaux et reniflent les traces non loin d'eux. Elles ne vont pas tarder à les trouver. Heureusement, Aberlour fait enfin son apparition, se précipite sur les hyènes et réussit à les mettre en

126 et 127
Ce lionceau est le seul survivant de la portée. Dans la troupe qu'il va bientôt rejoindre, tous les autres jeunes sont bien plus âgés et ses chances de survie sont faibles.

fuite. Elle lèche avec ardeur ses petits sains et saufs. Cet incident la décide sans doute à les transporter dans une nouvelle cachette, car, le lendemain, il n'y a plus trace d'eux à cet endroit. Des cameramen nous signalent leur présence à 1 km de là. Comme les lionnes, les femelles chez les hyènes, les guépards ou les léopards déplacent elles aussi leurs bébés de cachette en cachette pour les protéger des attaques des autres prédateurs. Si elles ne le faisaient pas, ces derniers seraient immanquablement attirés par l'odeur dégagée au bout de quelques jours dans le même lieu ou par les chemins qui finissent par se dessiner autour de la cachette.
Les jours passent. La troupe conserve une étonnante stabilité géographique. Nous faisons très peu de distance pour en retrouver les membres. Pourquoi bougerait-elle ? Les jeunes sont bien à l'abri et la chasse est très facile en ce moment ; gnous et zèbres constituent l'essentiel du menu. Lors du dernier « déménagement » de sa progéniture, Aberlour l'a installée dans une partie du laga très appréciée d'un troupeau de buffles. Chaque fois que nous venons, nous trouvons les bovidés. L'histoire de leurs relations avec les félins de la troupe est ponctuée d'incidents : tantôt c'est un jeune bufflon malade qui tombe entre les pattes de Superbe, une autre fois c'est un vieux buffle tué une nuit par toutes les femelles après une résistance acharnée, mais c'est aussi, comme aujourd'hui, la mort d'un des lionceaux. Aberlour est allongée au fond du laga quand le troupeau s'approche. La femelle, surprise, ne l'a pas entendu arriver. Elle se réfugie prestement dans un arbre facile d'accès, trois des lionceaux ont le temps de se glisser sous une souche mais le quatrième n'a pas cette chance. Il est pris dans la masse des sabots, est projeté en l'air et nous le voyons retomber au sol, inerte. La scène, très confuse, n'a duré que quelques minutes mais a été très impressionnante.
Les lionceaux de Champagne et de Krishna grandissent rapidement et deviennent de plus en plus joueurs. Ils sont mignons avec leur pelage moucheté, leurs yeux très expressifs et espiègles. Et puis, un matin, nous retrouvons Aberlour au milieu de ses compagnes. Elle a ramené ses bébés avec elle. Il y a maintenant huit jeunes lionceaux ensemble. Au début, Aberlour ne laisse pas les plus grands approcher de ses petits. Il faut leur laisser le temps de s'habituer à ce nouvel environnement. Très vite, ils sont à l'aise avec leurs compagnons. Toutes les activités journalières de la troupe sont centrées sur la « crèche » qui est comme un point de rencontre facile pour ses membres. Un matin, Aberlour, Champagne et Krishna nous font le plaisir de déplacer juste sous nos yeux leurs huit jeunes éclairés par la belle lumière du matin. Champagne commence en attrapant un des siens dans sa gueule et elle part vers le sud. Le jeune piaille. Il est déjà grand et n'a pas très envie d'être ainsi trimballé. Mais les herbes sont hautes et il aurait du mal à se déplacer seul sur ce terrain. Aberlour la suit avec le premier des siens. Et enfin Krishna. Nous attendons. Au bout d'une dizaine de minutes, les mères reviennent et s'emparent chacune d'un autre bébé. Elma et Princesse regardent leurs compagnes s'activer et restent avec les autres petits. La troisième fois, nous suivons le cortège. Finalement, toute la troupe a déménagé et s'est installée dans un nouveau secteur où plusieurs grands arbres bordent le laga. Il ne manque personne ! Ce qui est loin d'être toujours le cas avec les lionnes. Nous avons plusieurs fois vu des mères oublier un ou deux petits. Des cinéastes qui filmaient une autre troupe une semaine auparavant ont eux assisté à l'un de ces fréquents oublis. La mère de trois lionceaux d'une dizaine de semaines avait décidé de les emmener d'une zone de buisson à une autre. Elle les invitait à la suivre avec de petits rugissements doux, suivis de grognements un peu plus forts car elle trouvait que les choses n'allaient pas assez vite. Rapidement, un des trois lionceaux fut distancé et il retourna se réfugier à son point de départ. Il poussait des miaulements aigus de plus en plus désespérés. Sa mère était déjà loin. Arrivée à destination, elle s'installa tranquillement et s'endormit avec ses deux autres jeunes. Elle était

trop éloignée pour entendre les cris de l'orphelin. Celui-ci finit par s'endormir. Dans l'après-midi, il se remit à pleurer. Les cinéastes décidèrent de lui faire entendre les enregistrements des appels de sa mère qu'ils avaient réalisés le matin même tout en roulant tout doucement dans sa direction. Et le stratagème fut couronné de succès. Le jeune lionceau suivit le haut-parleur et put ainsi retrouver sa mère. Une anecdote dans l'océan des oublis. Il arrive aussi qu'une mère parte chasser et mette des heures à retrouver l'endroit où elle a laissé ses petits.

La troupe vit une période tranquille. Anieska n'est toujours pas réapparue. Par contre, Superbe et Lieutenant passent quasiment tout leur temps avec les lionnes et les lionceaux, ce qui n'est pas le cas pour tous les mâles résidents, certains continuant à être très indépendants du groupe des femelles. Les petits viennent souvent ennuyer les deux mâles, leur montent sur le dos, jouent avec leur queue. Et ces « majestés » les laissent faire sans même un mouvement d'humeur. Les lionceaux sont bien nourris et en pleine forme. Ils sont plus actifs que les adultes dans la journée. Heureusement pour nous ! Les tout jeunes se poursuivent, se mordent, échangent des coups de patte et se lèchent mutuellement. Ils montent sur le dos des grands lionceaux ou ceux-ci les font rouler par terre. Régulièrement, l'un d'eux se tapit, le museau collé au sol, se cachant derrière un rocher ou un buisson. Quand l'un de ses frères avance dans sa direction, il bondit pour terrasser cet adversaire et le jeune surpris roule au sol. Ils se battent avant de se frotter l'un contre l'autre. Un peu à l'écart, un jeune déjà plus grand lutte avec acharnement contre une touffe d'herbe. Il la mord, la griffe, la secoue puis recule, prenant son élan, pour l'attaquer d'un bond. Quand les femelles sont couchées, les lionceaux viennent souvent leur lécher la commissure des lèvres et se frotter contre elles.

Autant les jeunes lionceaux sont actifs en présence des adultes, autant ils se tiennent immobiles et silencieux en leur absence. Quand les adultes partent chasser, ils n'emmènent avec eux que les grands lionceaux d'Elma et laissent les plus jeunes le plus souvent seuls car il n'y a pas systématiquement de baby-sitter qui reste en arrière pour les garder. Ils ne sortent de la cachette qu'au retour des adultes. Anieska est enfin réapparue et ramène avec elle deux petites boules attendrissantes. Les autres lionnes lui font la fête, la lèchent à grands coups de langue. Sans reporter nos sentiments sur les félins, on a envie de parler d'heureuses retrouvailles ! Quand, exceptionnellement à cette époque, les chasses se passent loin du laga, les lionnes reviennent tard de leur virée nocturne. Il faut voir comment les lionceaux fondent sur elles à leur retour. Leurs miaulements sont longs et plaintifs, ils ont vraiment faim ! Si l'une d'elles rentre avant les autres, c'est la ruée sur ses tétines. Tous les jeunes, les siens, les autres, se précipitent. Les plus jeunes, ceux d'Anieska, ne peuvent lutter et sont vite évincés de la compétition. Les autres forment comme une mêlée en poussant des cris aigus. La lionne ne peut résister longtemps et se couche sur le ventre. Elle montre les crocs, tente de se dérober à leurs coups de tête, de dents et de griffes. Certains lionceaux sont même capables de creuser la terre pour atteindre les tétines sous le ventre maternel ! Il faudra attendre le retour des autres mères pour que s'installe un semblant de calme.

128
Lors de son retour de la chasse, la lionne est accueillie avec chaleur par ses jeunes.

129
Le lionceau tire si fort sur la tétine qu'il bascule en arrière. Il sera sevré vers 6 mois.

DE LA NAISSANCE À L'ÂGE ADULTE

L'intervalle entre deux naissances pour une lionne est en moyenne de dix-huit mois. Le temps de gestation est de cent deux à cent dix jours, ce qui est assez bref. Dans la nature, il est souvent difficile de faire la différence entre une femelle gravide et une femelle qui a fait un gros repas jusqu'à ce que les glandes mammaires commencent à se gonfler de lait. Quand elle est prête à accoucher, la mère s'isole pour mettre bas dans un endroit protégé – abri rocheux, fourré épais, hautes herbes ou creux d'une rivière à sec. À chaque portée, les lionnes ont en moyenne entre deux et quatre bébés. Ces toutes petites boules de poils laineux naissent les yeux fermés et pèsent environ 2 kg. Leurs yeux s'ouvrent au bout de dix à quinze jours. Les tétées sont souvent animées car les lionceaux s'accrochent à la tétine qu'ils ont prise et la défendent. Mais ils n'ont pas de droit de propriété sur une tétine particulière, ils en changent chaque fois. Durant les premières semaines, la mère est toujours sur le qui-vive et se montre très protectrice à l'égard de sa portée. Prudente, elle la change de cachette tous les trois ou quatre jours, transportant les petits un à un, leurs épaules délicatement serrées dans sa gueule. Les dents de lait poussent au bout de trois semaines, ce qui correspond au moment où les lionceaux commencent un petit peu à se déplacer et, vers l'âge de 6 semaines, ils gambadent autour de l'abri. Ils commencent alors à goûter leurs premiers aliments solides en grappillant sur la nourriture de leur mère. C'est à peu près à cette époque qu'elle les conduit rejoindre ses compagnes. Cet âge est variable. Parfois, quand les liens entre les lionnes sont très forts, les lionceaux sont amenés un peu plus tôt au reste de la troupe. Les premiers jours de leur arrivée, leur mère empêche les autres de s'approcher d'eux pour les protéger, montrant les crocs, puis, ce temps d'adaptation terminé, ils partagent la vie des adultes et des autres lionceaux déjà présents. Comme les naissances sont très souvent synchronisées dans une troupe donnée, il y a régulièrement plusieurs portées de jeunes d'un âge très proche. Pour faciliter leur éducation et les protéger de l'extérieur, les mères forment une sorte de crèche qui devient le centre de vie de la troupe. Les lionnes peuvent ainsi partir chasser ensemble plus facilement. Dans cette éducation collective, les lionceaux ont un avantage, ils peuvent téter une autre mère que la leur. Les chercheurs ont vérifié que chaque jeune peut quasiment téter chaque mère du groupe et si des lionceaux deviennent orphelins, ils peuvent être élevés par une autre lionne. Cette attitude très permissive est caractéristique de l'espèce ; elle a contribué à créer l'image d'une très grande coopération entre les lionnes. Après avoir étudié plus en détail ce phénomène, les scientifiques ont nuancé cette image un peu idyllique. Si les lionnes allaitent les portées de leurs compagnes, elles essaient de donner en priorité leur lait à leurs propres jeunes et rejettent régulièrement les avances des autres jeunes affamés. Mais elles ont un grand besoin de dormir et les lionceaux se rendent vite compte que pour téter une lionne qui n'est pas leur mère, il vaut mieux parfois attendre qu'elle soit endormie. Et, à ce moment-là, elle n'a pas forcément l'énergie de les repousser. Les scientifiques se sont aussi rendu compte qu'une femelle nourrira plus volontiers les

lionceaux de sa famille proche (jeunes de sa mère ou de ses sœurs). De plus, ils ont analysé la quantité de lait disponible aux tétines et ont eu la surprise de constater qu'elle dépend de la quantité de nourriture ingérée et non pas de la taille des portées. Cela explique pourquoi les mères qui n'ont qu'un seul lionceau laissent plus de jeunes « étrangers » téter leur lait. En revanche, celles qui ont beaucoup de bouches à nourrir ne peuvent pas être aussi généreuses. Donc, si les lionnes pratiquent un allaitement collectif, c'est parce qu'elles produisent parfois du lait en surplus et cette coopération est liée au niveau de parenté. Le comportement des lionnes de la troupe n'est donc pas aussi noble qu'il y paraît. Les hyènes tachetées élèvent aussi collectivement leur progéniture. Les mères laissent souvent leurs jeunes dans un terrier collectif et viennent les voir pendant de courtes périodes. Chacune nourrit les siens et puis s'en va dormir ailleurs, bien tranquille. Les scientifiques ont observé les hyènes au terrier et ont constaté que chacune est sollicitée par les jeunes des autres au moins autant qu'une mère lionne. Mais elles les repoussent de manière beaucoup plus énergique.

Les lionceaux sont extrêmement sociables. Ils lèchent énormément leur mère, deux fois plus qu'elle ne leur rend la pareille, les femelles préférant souvent lécher leurs compagnes. Ils se nourrissent exclusivement de lait les trois premiers mois et sont ensuite sevrés de manière progressive. Leur mère cesse d'avoir du lait quand ils ont entre 6 et 8 mois. Mais beaucoup continuent à s'allaiter au détriment des nouveau-nés jusqu'à l'âge d'un an et même au-delà. Les premiers mois de leur vie, la viande est plus un objet de jeu que de la nourriture. Très vite, les lionceaux vont s'accrocher avidement aux morceaux et se battre cruellement pour un bout d'os. On les voit tirer désespérément chacun de leur

130
Quand ils sont jeunes, les lionceaux arrivent à escalader des troncs verticaux avec leurs petites griffes acérées.

131
Le lionceau apprécie beaucoup la toilette faite par sa mère.

côté, en grognant sourdement. Mais ils peuvent aussi mourir de faim à une centaine de mètres de leur famille, incapables de s'orienter dans les hautes herbes et de crier suffisamment fort pour l'alerter. C'est pourquoi les lionnes n'aiment pas quitter leur progéniture trop longtemps. La denture définitive des lionceaux apparaît entre le neuvième et le douzième mois. La poussée des dents s'accompagne de vives douleurs et de fièvre, faisant même des morts chez les lionceaux.

Les jeunes grandissent très vite. Leur croissance dépend surtout de la quantité de nourriture qu'ils reçoivent. Un lionceau bien nourri de 18 mois peut avoir presque la même taille qu'un de 2 ans et demi ayant souffert de la faim à plusieurs reprises. Les mâles grandissent plus vite et ont la tête plus large que les femelles. Tant qu'ils ont moins de 4 mois, les adultes partent en chasse sans eux. Une ou deux lionnes restent parfois avec eux mais ce n'est pas systématique. Alors que chez d'autres espèces sociables comme les lycaons, par exemple, il y a toujours un gardien qui reste au terrier. Dans le cas des chiens sauvages, ce dernier sera nourri par les chasseurs qui régurgiteront la nourriture à leur retour. Ce phénomène n'existe pas chez les lions. Si les femelles abattent une proie assez importante, l'une d'elles revient chercher les lionceaux et les y conduit. Par contre, dès l'âge de 4 mois, ils accompagnent les lionnes partout mais, bien sûr, ils ne participent pas aux chasses. Ils se contentent de suivre à distance. Au fur et à mesure, ils apprennent en observant les techniques de chasse. Les femelles, pour leur apprendre, vont plaquer au sol une proie mais sans la tuer, et elles laissent la place aux adolescents. Maladroitement, ceux-ci vont tenter d'étouffer l'herbivore. Ce dernier est en général immobile, comme paralysé. Mais, faute d'expérience, l'étreinte des apprentis tueurs se relâche, et l'herbivore parvient souvent à se dégager. L'apprentissage demande plusieurs tentatives. À 1 an, les lionceaux sont déjà en mesure de rabattre les proies, et à 2 ans ils chassent seuls. Mais ils ne maîtrisent pas encore toutes les connaissances et il n'y a que les adolescents ou les très grands lionceaux pour courir derrière un zèbre impossible à attraper ou poursuivre un gnou qui les avait repérés. Durant leur formation, les lionceaux ne pourront pas tout expérimenter. Ainsi, dans l'Okavango, les scientifiques ont compté jusqu'à dix-neuf types de proies pour certaines troupes. Il est évident que les jeunes, dans leur adolescence, n'auront pas l'occasion d'apprendre comment les tuer toutes. À près de 2 ans, les différences entre les femelles et les mâles subadultes sont déjà bien marquées. Elles reflètent celles de la répartition des rôles entre mâles et femelles dans la société des lions. Les jeunes lionnes sont nettement plus vigilantes, il y a entre elles une vivacité, une assurance que n'ont pas leurs frères ou leurs cousins, plus gros mais plus nonchalants. Lorsque la harde se déplace, c'est souvent les jeunes femelles qui maintiennent l'allure, notamment lorsque les adultes perdent tout enthousiasme. En revanche, les jeunes mâles ont des jeux plus agressifs et usent déjà de leur supériorité physique autour des carcasses. Pendant la période d'éducation à la chasse, les adolescents demeurent sur le territoire familial même s'ils se déplacent de plus en plus souvent indépendamment des autres membres de la troupe. Les rencontres avec les mâles résidents sont encore amicales mais plus pour longtemps. Et, enfin, vient le moment où il est temps pour les mâles de quitter le territoire natal. Les mâles de la troupe sont devenus très agressifs et même les femelles commencent à l'être.

132
La lionne garde ses jeunes à l'écart de la troupe pendant cinq à six semaines.

LE JEU

Les lionceaux ne sont en sécurité et ne s'amusent qu'au sein de la harde. Ils éprouvent entre eux leur vaillance et s'exercent à la chasse par des jeux inoffensifs. Ils grimpent aussi sur le corps des adultes en train de se reposer et essaient de jouer avec eux. Pendant les rares périodes de pénurie, ils sont en mauvaise santé et cessent complètement toute activité ludique. Sinon, les jeux font vraiment partie intégrante de leur vie. Comme les éléphants ou les singes, les lions en sont particulièrement friands. Leurs jeux sont bien sûr différents de ceux des jeunes babouins qui se suspendent à la queue d'un compagnon et qui jouent dans les branches. Les lionceaux adorent jouer avec la queue d'un frère ou d'un adulte ou faire rouler une bouse d'éléphant. Une tortue est toujours un grand objet de curiosité. Ils s'approchent sans méfiance et donnent de petits coups de patte à l'animal qui rentre aussitôt sa tête et ses membres dans sa carapace. Surpris, ils reculent en attendant d'autres réactions. Comme rien ne se produit, ils essaient de la saisir entre leurs crocs et ce n'est pas très facile.
Le jeu prend des formes diverses. Les poursuites endiablées des lionceaux font plaisir à voir et, quand ils décident de jouer avec un porc-épic, ce ne sera pas forcément une bonne idée ! Un objet insolite comme notre véhicule ne leur fait pas peur. Les plus grands aimaient beaucoup tirer sur la corde autrefois attachée à l'avant. Certaines nuits, ils secouaient tellement l'ensemble qu'il était impossible de dormir dans la tente de toit.
Comment lions, éléphants, babouins, guépards appréhendent-ils le jeu ? Même pour les spécialistes du comportement, définir le jeu est un véritable casse-tête. En tout cas, quand ils jouent, les jeunes dépensent énormément d'énergie. Cela les amène parfois à prendre des risques car ils s'éloignent de leur mère sans même s'en rendre compte et les prédateurs ne sont jamais bien loin. Malgré cela, les bénéfices et les bienfaits sont évidents. Le jeune développe son corps ; il acquiert cette force dont il aura besoin tout au long de sa vie. Le terrain de jeux est un terrain d'apprentissage, il permet aux jeunes animaux d'apprendre la ruse, d'améliorer leur habileté et leur créativité. Toutes ces qualités leur seront plus tard nécessaires dans leur vie d'adulte quand il leur faudra acquérir un territoire ou chasser. Les animaux joueurs sauront aussi mieux réagir aux événements inattendus.
Le type de jeux pratiqués est le reflet de la société où vivent les jeunes. Ceux-ci calquent leurs gestes et leurs attitudes sur ceux de leurs parents. Les jeunes lions partagent leurs découvertes comme une branche ou un morceau d'os et, s'ils se disputent, ils apprennent en même temps à mesurer leur force. Les plus grands ne font pas de mal aux plus petits. Le sexe de l'animal se reflète aussi dans les jeux. Les joutes entre les jeunes mâles sont sans doute plus fortes.
Le jeu est indispensable pour une autre raison. Chez l'homme comme chez l'animal, il permet de canaliser la violence. Les animaux plus forts se mettent au niveau des plus faibles. Les éléphants adolescents s'agenouillent pour se mettre à la portée des petits, afin que ceux-ci puissent grimper sur eux. Les lionceaux plus âgés dans une troupe ne déploient jamais toute leur puissance face à un adversaire plus faible. C'est comme cela qu'ils arrivent à jouer tous

133
Février et mars 2001 ont été anormalement pluvieux, et le taux de mortalité des lionceaux nés entre décembre et mars a été quasiment de 100 %.

ensemble. En plus, en restreignant ses chances de gagner, celui qui a le dessus fait aussi durer le plaisir du jeu. Quand on voit de grands lionceaux se battre, dressés sur les pattes arrière, tout donne l'impression d'un combat féroce. Mais, à un moment donné, un des adversaires s'allonge tout en offrant la partie la plus tendre de son anatomie à son rival. Celui-ci, bien sûr, n'en profite pas ; il a appris, au fur et à mesure de sa croissance et de ses jeux, à connaître les rites, les règles de la vie en société. D'ailleurs, pendant les joutes, l'attitude des protagonistes montre bien qu'il s'agit de simulacres de combats. La bouche est ouverte et détendue, les dents sont à demi découvertes. Ce sont les signes de la bonne humeur et du plaisir. Chacun montre à l'autre ses intentions amicales. Canidés et félins ajoutent à ces signes un langage corporel spécifique, dos courbé, pattes avant fléchies, derrière en l'air et fort balancement de la queue.

En tout cas, toutes les espèces animales n'ont pas le même rapport au jeu. Moins elles sont évoluées, moins les jeunes ont de choses à apprendre pour atteindre leur maturité, et moins ils jouent. Même si l'on considère les individus des espèces les plus évoluées, ceux qui jouent le plus, le jeu n'a toute sa place que si les animaux sont libérés des urgences vitales : se nourrir, se reproduire. Quand la nourriture se fait rare, tous économisent leurs forces et les jeunes ne jouent plus. On aurait même envie de dire que la tristesse s'est abattue sur eux. Le contraste est extraordinaire quand on revient sur les lieux quelques semaines plus tard, au moment où la nature leur redevient clémente. Les jeux sont alors très intenses et très joyeux.

Quelle que soit la forme prise par le jeu, les scientifiques sont sûrs qu'il a une importance capitale. Les recherches récentes effectuées sur le cerveau montrent qu'il serait peut-être aussi important pour la vie – que ce soit pour les hommes ou pour certains animaux – que de dormir et de rêver. La démonstration se fait *a contrario* : l'absence de jeux chez de jeunes animaux, comme chez l'enfant, entraîne des pathologies graves. Ceux qui ont étudié le comportement des singes, en particulier des chimpanzés, ont montré que les animaux privés de jeux pendant leur jeunesse sont immatures, introvertis et timides, que ce soit dans la nature ou en captivité. Ils sont incapables de s'adapter socialement. Des animaux nés en captivité et élevés seuls ont été incapables, une fois adultes, de communiquer correctement avec les autres ; ils ne trouvent pas leur place dans la hiérarchie et n'arrivent ni à courtiser les femelles, ni à s'accoupler.

Donc, le jeu est important et sans doute indispensable dans la vie des jeunes animaux. Il favorise un bon développement physique et facilite leur vie sociale. Mais il ne faut pas réduire leurs jeux à cela ; peut-être jouent-ils aussi tout simplement parce qu'ils y trouvent du plaisir. Et le jeu n'est pas l'apanage des jeunes. Les adultes, eux aussi, l'aiment et le pratiquent, même s'ils y consacrent beaucoup moins de temps.

CHANCES DE SURVIE DES LIONCEAUX

La mortalité chez les lionceaux de moins de 1 an est très importante. Moins la troupe est stable, moins la nourriture est abondante et plus cette mortalité est importante. Entre les deux tiers et les trois quarts des lionceaux ne survivraient pas jusqu'à l'âge adulte. Tous les chiffres calculés dépendent de la région étudiée et des conditions climatiques qui peuvent être plus ou moins exceptionnelles suivant les années. Dans le Serengeti, la survie des lionceaux dépend du système des pluies. Les mois de juin à octobre sont ordinairement secs et c'est dans les plaines que la mortalité est alors la plus forte. Pendant la saison des pluies, de novembre à mai, les herbivores sont dans les plaines et délaissent les zones boisées de Seronera. Ce secteur devient alors un endroit où les lionceaux peuvent mourir de faim les années très humides. Par ailleurs, des pluies excessives en saison affectent de façon contraire les troupes des plaines ; dans ce cas, en effet, davantage de lions nomades sont attirés sur cette zone et tuent les lionceaux. Certaines années, tous les lionceaux du Serengeti meurent avant l'âge d'un an et la moyenne pour les vingt dernières années est de cinquante-sept pour cent de mortalité (contre trente-cinq pour cent dans le cratère du Ngorongoro).

Dans tous les cas, beaucoup de lionceaux sont la proie des hyènes, des chacals, des léopards ou bien encore, ils sont tués par d'autres lions n'appartenant pas à la troupe lorsqu'ils les rencontrent sans protection. Il est rare que ceux-ci les mangent. Sinon, nombreux sont ceux qui meurent de maladie ou de faim. La famine dont sont victimes les lionceaux est provoquée en partie par l'organisation sociale de l'espèce qui n'est pas en mesure de régler le problème des longues périodes où les proies sont rares, de petite taille et difficiles à prendre. Quand la troupe est autour d'une carcasse, comme on l'a vu, les mâles mangent en priorité. Les lionceaux, eux, sont tout en bas de la hiérarchie. Parfois, les mâles qui empêchent férocement les femelles de manger permettent à l'opposé aux lionceaux de le faire. Cela a un sens au point de vue génétique pour ces mâles puisque les jeunes sont porteurs de leurs gènes tandis que les lionnes ne leur sont pas apparentées. Mais, quand les proies se font vraiment rares, les lionceaux sautent régulièrement le repas. Si les conditions difficiles se prolongent, certains jeunes peuvent mourir de faim. Des carences en vitamines, combinées à des attaques de parasites, font tomber presque tous leurs poils. Ils s'affaiblissent et arrivent de plus en plus tard sur les carcasses. Les adultes, même s'ils maigrissent eux aussi, ont l'avantage de la force et de la corpulence. Heureusement, un certain nombre de lionceaux résiste. Ils peuvent recouvrer leur fourrure, leur sens du jeu et leur santé à une vitesse stupéfiante si la nourriture redevient abondante.

Le phénomène de l'infanticide à l'arrivée des nouveaux mâles dans la troupe compterait pour vingt-sept pour cent dans la mortalité des lionceaux. Indépendamment de cet infanticide des mâles, la chercheuse Judith Rudnai a constaté qu'une lionne peut abandonner d'elle-même l'unique lionceau survivant de sa portée lorsque ses autres petits sont morts en bas âge. Cela lui permettrait d'économiser son temps et son énergie pour engendrer au plus vite une nouvelle portée mieux favorisée par le sort.

Une autre grande cause de mortalité est la négligence des lionnes. Pourtant, une expression très connue utilisée pour parler d'une mère qui défend bien ses jeunes est « comme une lionne protégeant ses petits ». En réalité, celles-ci sont plutôt de mauvaises mères, pour notre système de valeurs en tout cas. En effet, les nouveau-nés sans défense sont laissés

134
Ce lionceau de 6 mois vient de plonger sa tête dans la carcasse d'un gnou. Il est encore plein de sang et son ventre est bien rond.

135
Les bébés se sont aventurés un peu trop loin de leur cachette et leur mère les y reconduit l'un après l'autre, de force.

136-137
La queue du lionceau, comme celle des adultes, se termine par un toupet de poils noirs.

seuls dans la cachette quand leur mère part chasser. Ensuite, même quand les jeunes sont regroupés en crèche, les lionnes ne délèguent pas toujours de gardiennes pour les surveiller. Beaucoup d'entre elles abandonnent des petits quand elles les changent de cachette et, plus tard, quand elles se déplacent avec eux, elles oublient d'attendre les derniers. On a parfois l'impression que les lionnes savent « compter » jusqu'à deux mais pas au-delà, le troisième de la portée faisant les frais des limites maternelles en matière d'arithmétique !

Le taux de survie des jeunes n'est pas du tout le même pour les femelles nomades et celles qui vivent en troupe. Si ces dernières parviennent à élever certaines années près de la moitié de leurs nouveau-nés, les nomades, elles, n'en conservent pas plus de dix pour cent vivants. Déjà, au départ, une lionne nomade fait moins de petits qu'une lionne sédentaire. Les hyènes et les mâles étrangers tuent à peu près tous les lionceaux de ces femelles nomades. Même s'ils échappent aux attaques des prédateurs, leur mère a bien du mal à les nourrir quand ils atteignent l'âge de manger de la viande. En effet, les hyènes ou les lions mâles s'emparent de leurs proies pendant qu'elles vont chercher leurs jeunes pour les conduire au festin. Les lionnes nomades ont donc tendance à rester sans descendance.

Au sein des troupes, les portées qui naissent en synchronisme avec d'autres survivent mieux que les portées qui sont élevées de manière asynchrone. Car même si les lionnes n'ont pas un comportement aussi communautaire qu'on le pensait auparavant, l'allaitement et l'apprentissage en communauté sont favorables aux jeunes. Ils peuvent se nourrir même quand leur mère n'est pas présente. Ils ont quand même moins de risques de demeurer sans surveillance quand les lionnes partent chasser. Par contre, de nouveaux lionceaux ont moins de chances de survie dans la troupe quand celle-ci comprend des lions plus âgés de quelques mois. En effet, ces derniers se nourriront avant les plus jeunes sur les carcasses et, s'il y a une légère pénurie, pourront les priver complètement de nourriture. La meilleure stratégie pour une lionne est de faire ses petits en même temps que ses compagnes.

138
Ce lionceau joue avec un nid de tisserin
tombé d'un acacia.

139
À 4 semaines, le lionceau pousse de petits cris.
Il ne pourra véritablement rugir qu'à partir de 2 ans.

140
*Le lionceau plus âgé contient sa force
quand il joue avec un plus jeune que lui.*

141 en haut
*Deux lionnes de la troupe de Keekorok sont rentrées
de la chasse. Tous les lionceaux, même ceux
qui ne sont pas à elles, se précipitent pour téter.*

141 en bas
*La lionne est agacée par les petits qui ont trop tiré
sur ses tétines. Elle se dégage et montre les dents.*

142 et 143
La lionne a d'abord supporté tranquillement les jeux de ses lionceaux. Puis, elle en a eu assez et leur a montré son énervement avant de se lever et de se recoucher un peu plus loin.

144
Dès leur plus jeune âge, les lionceaux jouent. Ils se mettent en embuscade dans les rochers ou dans les buissons et se poursuivent.

145 en haut
Les termitières sont très appréciées des lionceaux comme des adultes.

145 en bas
Le pelage laineux des petits est fauve clair tacheté de rosettes brun-noir. Leur fourrure s'unifie avec l'âge.

146
La position du lionceau pour se faire lécher est un peu acrobatique !

147
Quand les lionnes sont couchées entre elles, les lionceaux essaient toujours de resquiller quelques câlins.

148
Le lionceau joue avec de petites branches et se fait les dents.

149 en haut
Le jeu n'est pas le privilège des lionceaux. Les femelles adultes jouent aussi entre elles.

149 en bas
Comme les adultes, les lionceaux font le rictus caractéristique – tête levée, babines retroussées – quand ils sentent une odeur forte.

150 en haut
Les lionceaux lèchent leurs mères deux fois plus qu'elles ne leur rendent la pareille.

150 en bas
Les lionceaux, trop jeunes pour participer à la chasse, regardent la mise à mort qui a lieu tout près de là.

151
Les jeux peuvent devenir quasiment inexistants en fin de saison sèche quand la nourriture est rare.

152 en haut
Tout est prétexte pour jouer et en particulier les petites branches ou bien encore les bouses d'éléphant séchées.

152 en bas
Ce lionceau de 2 mois fait sa toilette à fond. La langue est puissante et râpeuse, et elle peigne la toison autant qu'elle la nettoie.

153
Ce tout jeune lionceau découvre le monde extérieur. Il joue avec une souche toutes griffes sorties.

154
Aberlour transporte chacun de ses bébés un à un dans sa gueule, en les soutenant avec sa patte.

155 en haut
Les jeunes grandissent très vite. Leur croissance dépend surtout de la quantité de nourriture qu'ils reçoivent.

155 en bas
La femelle conduit son tout jeune lionceau jusqu'à la proie qu'elle a tuée avec ses compagnes dans les plaines.

156
Le petit mâle mord la nuque de sa sœur. Il aura la même attitude plus tard pendant l'accouplement.

157
Les lionceaux se tiennent tranquilles dans les buissons avec leurs mères. Celles-ci veulent se faire oublier des herbivores qui broutent un peu plus loin dans la plaine.

158
Le lionceau bondit sur la croupe de sa mère comme il le fera plus tard avec un herbivore.

159
Aux heures fraîches du petit matin, les jeux sont encore plus intenses.

160 en haut
Les lionceaux essaient de retenir leur mère qui veut se mettre à l'écart pour être tranquille.

160 en bas
L'éducation des jeunes de la troupe est collective.

161
Vers 5 à 6 semaines, les lionceaux sont tout à fait capables de se déplacer avec leur mère, mais la route est longue et difficile pour eux. Et la lionne ne les attend pas toujours !

162
Ce lionceau de 2 mois joue dans la rosée du petit matin.

163
Tandis que les femelles dorment dans les buissons à côté d'eux, les lionceaux commencent à se réveiller. Ils sont plus actifs qu'elles dans la journée.

164
À la naissance, le bébé pèse environ 2 kg, tandis que sa mère en pèse près de 150.

165
Les mères changent régulièrement leurs bébés de cachette pour qu'ils ne soient pas repérés par les hyènes, les léopards ou les guépards. Mais ils peuvent aussi périr écrasés par des buffles.

166
L'adolescent s'est entraîné à la chasse sur une mangouste avec laquelle il va ensuite jouer.

167
Cette malheureuse tortue constitue un jouet intéressant pour les lionceaux.

168 et 169 en haut
C'est la première fois que ces lionceaux de 5 ou 6 semaines sont amenés sur une carcasse et goûtent la viande. Ils viennent juste d'être intégrés à la troupe.

169 en bas
La patte du zèbre est plus un objet de jeu qu'une véritable nourriture pour ce lionceau de 2 mois.

170
Il a beaucoup plu et les lionceaux doivent se débrouiller sur le sol inondé. De trop fortes pluies augmentent le taux de mortalité chez les plus jeunes.

171
Après avoir mangé, la lionne s'abreuve. Son tout jeune lionceau boit peu car le lait qu'il tète lui suffit.

172
Les mâles passent beaucoup plus de temps avec la troupe quand les lionceaux sont petits.

173
Les mâles tolèrent les jeux des jeunes lionceaux même s'ils sont moins patients avec eux que les femelles.

174 et 175
Quand ils en ont assez, les mâles mettent fin aux jeux par un grondement ou une grimace de menace, découvrant leurs crocs.

176
La différence de taille entre le lionceau de 2 mois et le mâle adulte est impressionnante.

177
Ce n'est pas le lionceau qui provoque le rictus du mâle mais les odeurs laissées par une lionne qui était couchée avec le lionceau quelques instants auparavant.

L'ART DE SE NOURRIR

178 à gauche
Ce gnou nouveau-né du Serengeti (Tanzanie) a été séparé de sa mère lors de la fuite du troupeau. Il est ensuite resté collé à un buisson d'acacias, le prenant pour sa mère, et le lion n'a eu qu'à se servir.

178 à droite
Superbe est en train de dévorer une carcasse de gnou qu'il a dérobée aux hyènes.

180
Les mâles d'une troupe tuent eux-mêmes des gnous ou d'autres herbivores.

181
La lionne est en train d'étouffer le topi. Un mécanisme psychique a plongé celui-ci dans une sorte de coma.

Cet après-midi-là, nous traversons le secteur des lionnes du Marais pour rejoindre le territoire de la troupe de Bila Shaka. Nous voulons passer la nuit avec elle. En chemin, nous trouvons une girafe qui se découpe joliment sur le ciel d'orage. Nous commençons à la photographier, elle est toute frissonnante. La raison de cette attitude bizarre s'explique rapidement : deux petites pattes dépassent de son arrière-train, elle est en train de mettre bas ! Soudain, la tête du girafon apparaît ; le bébé glisse vers le sol, emporté par son poids. La poche des eaux éclate et le cordon se casse pendant cette chute de près de deux mètres. Le bébé reste étendu au sol et, pendant les premières minutes, il n'a même pas la force de relever son cou. Sa mère le lèche sur tout le corps à grands coups de langue et lui insuffle ainsi de l'énergie. Il lui faut quand même près d'une heure pour arriver à se tenir debout sur ses très longues jambes. Il se presse alors contre les pattes de sa mère et atteint ses mamelles. Dans l'intervalle, la nuit est tombée car la naissance s'est faite fort tard dans l'après-midi. Les lionnes du Marais doivent s'être mises en route, et c'est bien le cas car nous voyons deux d'entre elles arriver sur les lieux. La mère girafe s'interpose entre les félins et son jeune ; elle donne avec ses pattes avant de furieux coups de sabots qui résonnent très fort sur le sol. Les lionnes tentent plusieurs fois d'approcher le nouveau-né, mais elles se méfient des coups de sabots de la girafe. Finalement, l'une d'elles réussit à frapper le jeune qui retombe au sol et ne peut plus se relever. Cela fait plus d'une heure que sa mère le défend et elle cesse soudain de s'intéresser à lui et s'éloigne même de quelques mètres pour manger. Les deux lionnes n'ont plus alors qu'à se servir… Il est trop tard pour rejoindre la troupe de Bila Shaka et nous rentrons au camp.

Le lendemain, nous rejoignons la troupe vers 3 heures de l'après-midi à l'endroit où elle s'était installée le matin. Cela fait déjà deux heures que nous somnolons dans notre véhicule au soleil, à l'image des lions couchés dans les herbes. Ils ont un avantage sur nous, ils sont à l'ombre des buissons ! Quand la chaleur cède, nous devenons plus attentifs. Les lionceaux s'agitent et commencent à jouer, captant notre attention. Des topis passent à distance raisonnable, regardant fixement les buissons où s'abrite la troupe. Une des lionnes ouvre un œil, jette un regard aux herbivores. Nous pensons que c'est gagné. Mais, non, elle se recouche dans un profond soupir. Seuls les grands lionceaux ont stoppé leurs jeux et observent les topis. Même si la troupe n'a pas tué de proie de taille importante depuis la veille, nous n'espérons pas vraiment les voir chasser cet après-midi. Soudain, comme sur un signal caché, les lionnes s'étirent. Elles se lèvent et se saluent mutuellement, puis répondent aux sollicitations des lionceaux. Enfin, elles font un brin de toilette. Puis elles quittent le couvert des buissons et scrutent tranquillement les alentours. Les mâles, quant à eux, sont restés invisibles depuis ce matin. La lumière baisse brutalement ; la boule du soleil éclaire la savane de ses derniers rayons. C'est l'heure de se mettre en route… Aberlour prend la tête de la colonne. Les lionnes partent à l'opposé des troupeaux de gnous que nous apercevons au loin. Et ce n'est pas la première fois que nous sommes ainsi étonnés de la direction prise. Y a-t-il vraiment un choix délibéré de direction ou bien partent-elles au hasard, suivant l'humeur de celle qui est devant ? Il est bien difficile de donner une réponse à cette question. Nous traversons à leur suite une grande étendue vide d'animaux. Nous devons faire très attention car les pièges sont toujours nombreux dans ces terrains aux

182
Le girafon était né vers 5 heures du soir. Les lionnes en maraude l'ont trouvé à la nuit tombée. Sa mère l'a longtemps défendu, tapant avec ses sabots avant. Mais les lionnes ont gagné !

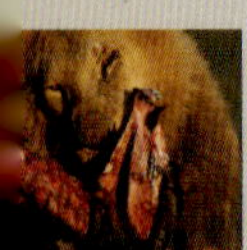

hautes herbes, et nous nous méfions tout particulièrement des terriers de phacochères.

Vers 20 heures, tout le monde s'arrête pour quelques minutes de repos avant de reprendre la progression. Soudain, les lionnes se figent pour écouter des rugissements qui s'élèvent vers l'ouest. Les deux mâles sont en train d'appeler et les femelles leur répondent doucement tout en continuant à marcher vers les Marais. Puis, il y a comme un changement dans leur attitude. Elles ont repéré quelque chose qui reste encore invisible à nos yeux – nous roulons quasiment sans phares, nous servant de temps à autre des projecteurs : ce sont des impalas, un mâle et son harem de femelles. Celles-ci s'enfuient en tous sens, affolées. Le mâle reste en arrière-garde et est le dernier à partir alors qu'Anieska est déjà presque sur lui. Dans un dernier sursaut d'énergie, l'impala parvient à échapper à sa poursuivante. C'est raté pour l'instant. Il faut dire que les lionnes sont remontées sur les herbivores accompagnées par le vent et qu'elles n'ont pas préparé l'embuscade. Ce qui est loin d'être idéal ! Tout le monde se regroupe. Les lionnes se frottent tête contre tête et grondent doucement. Ces salutations leur permettent sans doute de vérifier que personne n'a été blessé ou n'a réussi à tuer une proie quelque part. Et c'est à nouveau le départ, à la queue leu leu.

Vers 22 heures, nous distinguons des silhouettes. Un petit troupeau de zèbres broute tranquillement et n'a pas décelé l'arrivée des lionnes qui sont cette fois-ci bien placées par rapport au vent. Deux d'entre elles s'éloignent du groupe, l'une part sur la gauche, l'autre sur la droite. Comme souvent la nuit, elles avancent sans se cacher. La lune n'éclaire pratiquement pas pour l'instant et ne peut les faire repérer. Le reste de la troupe marche droit sur le troupeau de zèbres. Les lionnes de tête se lancent au hasard à la poursuite des herbivores, faisant fuir les animaux paniqués. Leur objectif semble être de repérer les plus faibles. Et cela marche : un jeune zèbre, suivi de sa mère, court moins vite que les autres et s'avance sans le savoir vers Anieska, partie à droite. La mère peut esquiver le félin, mais son petit n'a pas cette chance. Anieska le fait culbuter dans l'herbe et le saisit au cou pour l'étouffer. Déjà, une de ses compagnes survient et commence à attaquer l'arrière-train de l'herbivore. La femelle zèbre essaie de s'approcher, mais il est trop tard. Les autres membres de la troupe se rassemblent rapidement autour de la petite dépouille. Mais ils n'ont pas le temps de profiter du repas. Déjà surgissent les deux mâles qui se précipitent pour prendre leur part. Ils sont en train de dévorer des morceaux quand Aberlour, frustrée, s'approche à nouveau. Superbe couche ses oreilles en arrière, ouvre la bouche et retrousse ses babines. En même temps, il émet un grondement qui renforce son message : si Aberlour s'approche plus, il attaquera. La lionne persiste et reçoit un grand coup de patte. Finalement, elle préfère abandonner, comme ses compagnes, qui attendent à quelques mètres.

Des hyènes ricanent à peu de distance de là. Cela n'inquiète pas les lions qui sont en force. Une fois rassasiés, les deux mâles laissent les lionceaux approcher. Mais il ne reste pas grand-chose à manger. Bien qu'elles n'aient plus rien à se mettre sous la dent, les lionnes manifestent un certain calme. Les proies sont nombreuses en cette période de migration, et les femelles savent qu'elles trouveront autre chose à se mettre sous la dent. Lions et lionnes vont ensuite boire dans le creux d'un petit laga à quelques mètres de là. Puis tout le monde s'allonge et se repose.

Plus tard dans la nuit, la troupe reprend sa route. Lionnes et lionceaux courent et jouent avec beaucoup de plaisir, se sautant sur le dos les uns les autres et se renversant dans l'herbe. Puis le calme revient et les choses sérieuses reprennent. À vol d'oiseau, nous ne

183
La grande majorité des chasses ont lieu la nuit. Les lions ont une vue excellente de jour comme de nuit.

184-185
Les lionnes des Marais ont une préférence pour les zèbres quand ils vont boire le midi à l'éolienne.

sommes pas loin de notre point de départ de la soirée. Dans le silence relatif de la nuit, nous commençons à entendre les « gnou-gnou » lancinants émis par les troupeaux de gnous en migration tout proches. Les lionnes sont maintenant aux aguets. Aberlour, encore elle, prend la direction des opérations. Nous l'avons vue bien plus souvent que les autres se lancer à l'attaque et tuer les proies. Les femelles se déploient en arc de cercle. Elles bénéficient de l'effet de surprise car les herbes du Marais sont hautes et les cachent des herbivores. Aberlour se lance au cœur du troupeau qui se divise aussitôt. Trois lionnes tuent quasiment simultanément deux jeunes gnous et un adulte. C'est une nuit favorable… Toute la troupe se positionne sur les trois proies. Il nous est arrivé certains matins de retrouver jusqu'à huit carcasses dont certaines quasiment intactes tellement les lions étaient rassasiés en pleine période de migration. Après le repas, tous s'endorment jusqu'au matin, les mâles y compris. Les hyènes, pendant ce temps-là, se sont installées sur la première proie de la nuit.
C'était une nuit semblable à beaucoup d'autres pour la troupe de Bila Shaka. Une nuit facile en cette période d'abondance. Mais combien de nuits seront totalement infructueuses quand gnous et zèbres seront quasiment absents, quand le Marais sera si gorgé d'eau que seuls les buffles ou les cobes pourront le pratiquer ?

186
Les griffes rétractiles du lion lui permettent de maintenir ses proies.

187
La lionne regarde le mâle manger. Elle doit attendre son tour.

LE MENU DES LIONS

Les lions sont bien sûr des carnivores et la liste de leurs proies potentielles est très variée, même s'ils manifestent des préférences. Vu leur taille et leur puissance, ils sont capables de capturer des animaux aussi gros que des buffles adultes ou des girafes. En Afrique de l'Est, les gnous sont en tête du hit-parade (dans le Serengeti, ils représentent près de la moitié des proies), suivis par les zèbres. Nettement plus loin, on trouve les girafes ou les jeunes hippopotames. Quant aux rhinocéros, ils sont malheureusement devenus très rares. Les félins ont aussi l'habitude de manger de l'herbe, surtout lorsqu'ils sont repus.

Mais cette liste indique les préférences des lions en période d'abondance. C'est pour cela que les petites proies n'y figurent pas. Pourtant, il nous est arrivé de voir des lionnes dépenser une énergie folle pour attraper de minuscules bébés phacochères alors que gnous ou zèbres emplissaient le sol du cratère du Ngorongoro ! Quand vient la période où le gibier se fait rare, quand les lions n'ont plus le choix, alors tout pour eux devient intéressant. Ils se mettent à chasser les petites proies et le menu s'allonge de toutes sortes de mets qu'ils dédaignent habituellement – comme les tortues ou les pythons. Même les fruits ou les œufs d'autruche si difficiles à casser peuvent alors être consommés.

La liste des préférences varie en fonction des zones où vivent les lions car leur nourriture de base n'est pas partout la même. Ils adaptent leurs habitudes alimentaires en fonction des opportunités et certains d'entre eux ont des spécialités locales très intéressantes. Ceux du parc des Virunga, au Zaïre, pratiquent couramment la chasse aux hippopotames, et ceux du parc de Chobe, au Botswana, ou bien encore ceux du Malawi s'attaquent facilement aux éléphants et en particulier aux éléphanteaux, ce que nous n'avons jamais vu faire en Afrique de l'Est. Dans le bassin de la rivière Rufiji, en Tanzanie, ce sont les crocodiles qui agrémentent leurs repas. Cet opportunisme des lions leur permet aussi de survivre en zone désertique où ils se nourrissent de proies insolites. Ainsi, ceux du parc de la « côte des squelettes » en Namibie, zone désertique par excellence, viennent se repaître de dauphins et de baleines échoués sur les plages. Ils sont même devenus au fil du temps chasseurs de phoques : ils les surprennent pendant leur sommeil sur la plage ou vont même les tuer dans l'eau au cours de furieux corps à corps. En bordure du désert du Kalahari, ce sont les porcs-épics qui figurent régulièrement au menu des lions et peuvent constituer près d'un quart de leur alimentation. Il est vrai qu'à suivre ce régime ils sont plus efflanqués que leurs congénères de Tanzanie ou du Kenya qui, eux, ne s'attaquent normalement pas à ces animaux. D'ailleurs, ils ne savent pas forcément comment s'y prendre. Nous avons vu, un jour, une troupe du Serengeti, particulièrement affamée, intercepter un porc-épic juste avant qu'il ne regagne sa tanière dans le creux des rochers. Acculé, le rongeur s'est mis à entrechoquer les piquants de sa queue et à cracher. La lionne en tête du groupe ne s'est pas laissé impressionner et a fait rouler l'animal sur le dos pour lui ouvrir le ventre, là où les piquants sont absents. Mais le porc-épic est parvenu à se remettre sur ses pattes et a tourné les piquants de son dos vers la lionne. Celle-ci s'est acharnée quand même sur lui. N'avait-elle jamais eu affaire à cet animal ? En tout cas, le lendemain, nous retrouvâmes la troupe installée dans les rochers. La lionne téméraire avait encore plein de piquants fichés dans sa poitrine et elle était en train de lécher toutes

188
La femelle observe les environs. Elle surveille l'arrivée possible des mâles qui pourraient bien lui voler son repas.

les plaies sur ses pattes. Elle avait payé cher un petit repas! Pour la plupart des troupes de lions, trois ou quatre espèces forment soixante-quinze pour cent de leur régime alimentaire: vers Seronera, dans le Serengeti, ce sont zèbre, gnou et gazelle; à Manyara, zèbre, impala, buffle, et à Kafue, en Zambie, buffle, sassaby, phacochère, zèbre. Dans l'Okavango il faut huit espèces pour atteindre ce taux. Cela s'explique par la présence uniquement saisonnière de différentes espèces.

Chez certains herbivores, ce sont les mâles qui sont proportionnellement plus touchés que les femelles par la prédation des lions. Une des raisons est qu'ils sont souvent affaiblis par les combats qu'ils mènent entre eux pour la possession des femelles sur leur territoire – c'est le cas des gnous par exemple – et, dans leurs joutes et leurs parades amoureuses, ils perdent tout sens de la prudence. Une autre raison est que le mâle reste parfois en dernier pour protéger son harem, après avoir donné l'alerte – comme chez les impalas.

Les lions sont bien sûr des prédateurs mais ils sont aussi charognards. La distinction entre les deux est très confuse. Normalement, un prédateur capture et tue une proie vivante alors que le charognard se procure une proie morte. Mais, est-ce que le lion est un charognard lorsqu'il mange un buffle couché en train de mourir de maladie ou quand il dérobe au léopard l'impala que celui-ci vient de tuer? En tout cas, les lions ne se nourrissent pas seulement des animaux qu'ils ont tués eux-mêmes, ils volent aussi les proies d'autres prédateurs et particulièrement celles des hyènes ou bien mangent des animaux décédés de mort naturelle. Les premiers à découvrir les carcasses sont souvent les vautours. Lorsque l'un d'eux repère un animal mort, il plonge droit sur la proie. Les autres suivent à leur tour. Les lions et les hyènes surveillent les vautours en train de descendre et les hyènes, plus mobiles, arrivent souvent avant les félins.

Cette habitude de manger des charognes se retrouve quelle que soit la situation géographique des lions. Ils le font partout, les nomades en consommant davantage que les sédentaires. Les chercheurs ont calculé que cela leur fournissait près du septième de leur nourriture.

Manger des charognes peut être dangereux pour les lions car ils peuvent ainsi facilement s'empoisonner, contrairement aux guépards qui, eux, ne mangent jamais autre chose que ce qu'ils viennent de tuer.

Les lions chassent partout où il y a des proies. Il n'y a pas sur leur territoire de «terrains de chasse» proprement dits. Ils ont davantage de succès lorsque le milieu offre une végétation fournie ou près des endroits où les ongulés vont boire et là où ils traversent les cours d'eau. Mais les proies potentielles ont tendance à ne pas traîner dans ces lieux dangereux et les lions sont souvent obligés de chasser sur des terrains moins favorables pour eux; c'est là que la bonne connaissance de leur territoire va les aider.

Les techniques de chasse sont différentes suivant que le félin est solitaire ou associé à des compagnons, mais il y a des constantes incontournables. Les lions chassent surtout la nuit; ils utilisent plus leur capacité de vision nocturne et leur ouïe très fine que leur odorat. Au point de vue de la vitesse pure, ils courent vite, de 50 à 60 kilomètres par heure, mais presque toutes leurs proies courent plus vite qu'eux et peuvent maintenir leur vitesse de pointe sur de longues distances; les lions, eux, ne sont pas des coureurs de fond, ils ne conservent leur vitesse maximale pas plus de 200 mètres. En pleine course, le moindre changement de direction brusque de la proie peut les faire déraper dans l'herbe mouillée ou dans la boue. Même si les lions sont des superprédateurs, situés au bout de la chaîne alimentaire, il n'est pas toujours facile pour eux d'attraper une proie. Au fil de l'évolution, ils ont amélioré leur efficacité, mais, en parallèle, les herbivores ont eux aussi évolué et appris à leur échapper. Ces derniers vivent pour la plupart en troupeaux, ce qui multiplie la possibilité pour eux de détecter le

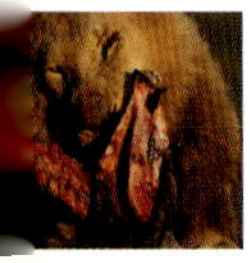

189
Les bébés phacochères sont très appréciés des lionnes qui n'hésitent pas à dépenser beaucoup d'énergie pour les attraper.

danger, ils évitent les zones à couvert et sont très vigilants quand ils sont en position de danger – comme la girafe quand elle boit – ou qu'ils sont au bord de l'eau. Zèbres, gnous, gazelles et autres antilopes peuvent paître à une centaine de mètres de lions au repos, bien en vue. À partir du moment où ils sont en bonne santé et restent sur le qui-vive, ils ne ressentent pas alors les félins comme un danger possible – ils n'ont pas besoin de s'enfuir ou même de s'éloigner. La nuit, les lions voient mieux que les hommes car ils possèdent derrière la rétine une couche réfléchissante qui permet à la lumière d'être enregistrée deux fois. Leurs yeux sont donc plus sensibles à des luminosités très faibles. Malheureusement pour eux, les herbivores ont eux aussi une meilleure vision nocturne que l'homme et leurs yeux possèdent également un pouvoir réfléchissant. Il faut sans doute chercher ailleurs les raisons qui font qu'ils chassent mieux la nuit. C'est sans doute parce que, à ce moment-là, la visibilité est plus faible, les ombres plus profondes, les accidents de terrain plus efficaces pour dissimuler les prédateurs qui se cachent et les mouvements se distinguent moins. Cependant les lions ne peuvent pas chasser que la nuit car les gazelles, par exemple, ne vont boire dans les trous d'eau que de jour et c'est là qu'elles sont vulnérables ou bien les phacochères ne sont actifs que pendant la journée…

Afin d'attraper une proie, un lion solitaire doit pouvoir s'approcher suffisamment près sans être vu pour, ensuite, pousser une pointe de vitesse, se précipiter sur elle, la projeter à terre et la saisir à la gorge tout en pesant de tout son poids sur elle. Une trentaine de mètres semble être la distance correcte pour avoir des chances de réussir l'attaque. Quand il se jette sur l'herbivore, le lion doit se méfier car un animal vigoureux peut mettre à mal un chasseur solitaire. Les oryx sont par exemple très dangereux avec leurs cornes effilées comme des épées, les zèbres ou les girafes utilisent leurs sabots pour se défendre et les buffles, leurs cornes. Pour parvenir assez près de sa proie, le félin va devoir utiliser tous les accidents de terrain possibles : troncs d'arbre, lits de ruisseau, herbes hautes, buissons… La plupart des ongulés ont une bonne vue globale qui couvre un angle étendu. Mais leur vision n'est probablement pas très précise pour les objets immobiles et ils ne distinguent pas les couleurs. Il n'est donc pas nécessaire que la couleur de la robe du félin soit en concordance parfaite avec le sol pour échapper aux regards de sa proie : il suffit que sa robe fauve ne soit ni trop claire, ni trop sombre. En fait, c'est le mouvement qui trahit sa présence, surtout dans la savane, milieu ouvert. Et cela est vrai même la nuit.

Quand le terrain présente peu de cachettes, le félin doit se déplacer furtivement au moment où la proie qu'il convoite détourne les yeux. Ainsi, il avance lorsqu'elle est en train de paître, et s'arrête habilement quand elle lève la tête, ce qu'elle fait à intervalles réguliers pour examiner les environs. Puis, il progresse de nouveau imperceptiblement quand elle se remet à manger. Mais même alors, l'herbivore garde toujours un œil sur ses compagnons, est attentif à toute modification de leur comportement et est prêt à fuir au moindre bruit suspect ou au moindre mouvement anormal. C'est pour cela que la plupart des tentatives de chasse d'un lion solitaire échouent. Les scientifiques ont calculé qu'il n'a que huit pour cent de chances de tuer sa proie à la course. S'il se joint à d'autres, son taux de réussite remonte à trente pour cent. S'il arrive à prendre sa proie par surprise, le prédateur a alors soixante pour cent de chances de tuer sa victime. Ces chiffres montrent bien, comme on pouvait s'en douter, que l'effet de surprise et la coopération entre lions améliorent les résultats. Les chasses en solitaire sont d'abord le fait des mâles, surtout pendant les périodes de leur vie où ils vivent en nomades. Mais les femelles elles aussi chassent souvent seules, contrairement aux idées reçues. Au sein d'une troupe, les lionnes assurent de quatre-vingts à quatre-vingt-

dix pour cent de la chasse. Les mâles, plus lourds et plus repérables, y participent peu, bien qu'ils soient tout à fait capables de chasser, en particulier de grosses proies comme les zèbres ou les buffles. Selon George Schaller, soixante-quinze pour cent des proies mangées par un lion mâle sont prises à une femelle, douze pour cent volées à d'autres carnivores et lui-même ne tue que dans treize pour cent des cas. Ces chiffres ne sont pas valables pour les mâles nomades qui ne peuvent pas compter sur les femelles et sont évidemment obligés de chasser beaucoup plus souvent.

Comment les lionnes d'une troupe chassent-elles ? Dans l'imaginaire de la plupart des gens, les lions chassent comme dans un ballet à la chorégraphie très travaillée. À l'aube ou au crépuscule, tous ensemble, unis dans un but commun, ils encerclent les proies qui ne se doutent de rien et, tels des tueurs aguerris, les égorgent en silence. Les récits des explorateurs et des chasseurs ont contribué à alimenter ce mythe ; ils y décrivent souvent les chasses en parlant d'un degré étonnant de coopération entre les femelles et avec les mâles qui se placent dans le sens du vent pour se faire repérer et qui, volontairement, rabattent les proies vers leurs compagnes placées en embuscade. Tout cela ne résiste guère à l'observation quotidienne. Jamais nous n'avons vu les mâles agir ainsi. Soit ils ne participent pas directement à la chasse, soit ils sèment plutôt la pagaille en se mettant à rugir pendant que les lionnes de la troupe préparent une embuscade ou en reniflant l'arrière-train d'une femelle pour connaître l'état de ses chaleurs juste quand elle est prête à s'élancer pour l'attaque. Quand elles sont décidées à chasser ensemble, deux ou trois lionnes de la troupe se dissimulent à proximité d'un troupeau, les autres s'éparpillent en demi-cercle et attaquent de plusieurs côtés à la fois, rabattant les proies affolées vers les animaux dissimulés ou, à l'inverse, des lionnes remontent discrètement sur les flancs du troupeau d'herbivores tandis que d'autres foncent droit sur le troupeau. Le résultat est le même.

Les femelles ont en fait le choix entre avancer vers les herbivores qu'elles convoitent ou attendre tout simplement qu'ils se rapprochent d'eux-mêmes. Et souvent, on les voit combiner ces deux méthodes, la traque furtive et l'embuscade. Les lionnes peuvent être très patientes. Celles des Marais, par exemple, ont l'habitude d'attendre des heures cachées dans les herbes près de l'éolienne qui alimente un point d'eau. C'est là que zèbres ou gnous viennent boire en milieu de journée. En effet, la plupart des herbivores ne boivent pas à l'aube ou au crépuscule, ils choisissent les heures chaudes où les fauves sont en principe au repos. Souvent, les embuscades ou les traques n'aboutissent pas. Il faut globalement compter qu'entre un quart et un cinquième seulement des tentatives réussissent. Régulièrement, la proie en puissance s'éloigne des félins sans même avoir détecté leur présence. Et si l'herbivore décèle un mouvement ou une odeur, il bondit et s'enfuit aussitôt vers un endroit plus sûr. Dès qu'il l'a atteint, à quelques centaines de mètres des lions, il émet alors des reniflements d'avertissement et d'alarme sans cesser d'épier ses assaillants.

Traditionnellement, on pense que les lionnes vivent en groupes parce qu'elles tirent bénéfice d'une chasse collective. Pratiquement, dans l'étude faite dans le Serengeti, il a été constaté que les lionnes s'associent pour chasser quand elles s'attaquent à des proies aussi difficiles que les zèbres ou les buffles, qui pèsent près de 500 kg, ou encore les girafes. Si les félins ne se groupaient pas, de telles proies ne seraient pas mises à profit en termes de ressource alimentaire. Les antilopes de taille moyenne – comme les gnous, par exemple – sont de toute façon bien exploitées puisque d'autres prédateurs, comme les guépards ou les léopards, s'y attaquent également. Attraper de grosses proies est la première justification de la chasse collective et de l'association entre femelles. En revanche, quand il s'agit de proies plus petites, comme une gazelle, la chasse est souvent solitaire. Mais si toutes les proies moyennes peuvent parfaitement être attrapées par des

félins solitaires, la chasse collective peut aussi améliorer le taux de réussite : dans la confusion de l'attaque initiale, l'ongulé, en fuyant, va passer à la portée de lions embusqués qu'il n'a pas vus.

Les lionnes d'une troupe ne chassent pas toujours ensemble. Elles sont même *a priori* très individualistes. Quand une femelle entame une chasse, ses compagnes se joignent ou non à elle. Elles sont tiraillées entre deux attitudes. Participer à la chasse en augmente les chances de réussite, mais l'entreprise est coûteuse en énergie et présente toujours un risque de blessure. De toute façon, si la chasse réussit sans leur participation et que la proie est assez grosse, elles mangeront tout de même. Les avantages de la coopération à la chasse ne sont donc pas toujours évidents. Si une femelle peut réussir seule, pourquoi intervenir ? Cela est d'autant plus vrai dans les zones où les proies moyennes sont abondantes. Chez d'autres espèces sociales – oiseaux, insectes ou mammifères –, on rencontre un peu le même phénomène. La coopération est bien plus grande quand les chasseurs solitaires ont besoin d'aide. Cela s'observe facilement dans Masai-Mara ou le Serengeti : quand des femelles de la troupe ont des lionceaux en bas âge à nourrir, la coopération est beaucoup plus manifeste. Ces mères participent plus volontiers à des chasses collectives.

Le taux de réussite des chasses varie également selon l'espèce pourchassée : il descendrait à quatorze pour cent avec les damalisques et remonterait à trente-huit pour cent pour les zèbres et les gnous. Les phacochères sont, eux, très difficiles à attraper. Leurs yeux sont placés très haut et, lorsqu'ils mangent, le nez au sol, on pourrait croire qu'ils sont entièrement plongés dans leur activité alimentaire, alors qu'en réalité, ils épient aussi les alentours, scrutant l'horizon en quête du moindre indice d'alerte. Au premier signe de danger, ils se sauvent et vont souvent rejoindre le fond d'un terrier. Certains lions n'hésitent pas alors à passer des heures à creuser pour les atteindre.

Les troupes peuvent se spécialiser dans le type de chasse où elles réussissent le mieux – aussi bien la chasse aux zèbres qu'aux buffles. Les lions n'attaquent pas ces derniers de front et préfèrent rester cachés, ciblant les retardataires à l'arrière du troupeau en mouvement. Ils essaient de créer la panique et d'isoler les individus solitaires. Les chasses sont très longues et demandent beaucoup de persévérance, d'autant que le troupeau vient souvent défendre le blessé ou celui qui est encerclé, et il faut parfois des heures aux lions pour venir à bout d'un buffle. Certaines troupes aiment tuer les babouins et les attrapent, par exemple, à proximité des points d'eau. En revanche, très peu sont capables de chasser l'éléphant et osent s'attaquer à des groupes importants de femelles et de jeunes. Si l'attaque d'un troupeau d'éléphants est néanmoins décidée, la tactique est alors de provoquer une panique parmi les pachydermes. C'est alors que les éléphanteaux peuvent être distancés ou renversés par les adultes, devenant des proies faciles pour les lions qui n'ont plus qu'à maintenir les autres éléphants à distance respectueuse. Il est possible que ce soit une technique transmise de génération en génération.

Beaucoup de facteurs entrent en ligne de compte dans la réussite de la chasse. D'abord, la direction que va prendre la troupe au départ est importante et, très souvent, les lionnes partent dans une direction étonnante, à l'opposé des troupeaux d'herbivores par exemple. Ensuite, le sens du vent joue un grand rôle et, pourtant, ces félins ne semblent pas en tenir compte. Ce qui fait bien souvent rater l'opération car les herbivores détectent rapidement l'odeur des lionnes en train de remonter sur eux. Une fois qu'elles se sont assez approchées de leurs proies potentielles, celles-ci vont-elles s'éloigner sans même se rendre compte du danger ou bien vont-elles encore se rapprocher des félins embusqués ? Et enfin, comment se comportera le troupeau quand les lionnes commenceront l'attaque, et y aura-t-il pour elles des proies plus faibles ou plus faciles à attraper que d'autres ?

190
Un mâle peut avaler plus de 40 kg de viande en un seul repas. Il sera ensuite capable de jeûner toute une semaine.

191
Ces deux mâles se disputent âprement la proie qu'ils ont tuée, en la tirant chacun dans une direction opposée.

Car, finalement, une chasse a beaucoup de chances de réussir quand les proies font des erreurs ou quand l'une d'elles est pénalisée par un handicap dû à l'âge – trop jeune ou trop vieille – ou à une mauvaise condition physique – blessure ou maladie. Les circonstances environnementales jouent aussi un rôle : en Afrique australe, c'est en période de sécheresse que les lions attaquent les girafes ou les éléphants subadultes, alors qu'ils ne le font quasiment pas en saison humide. La prédation contribue à la sélection naturelle en détruisant une proportion élevée d'animaux atteints de défauts ou moins bien adaptés. Les vieux comme les jeunes sont plus fréquemment victimes. Ils sont plus lents à réagir et à s'enfuir. Mais il serait faux de dire que les lions cherchent toujours les plus faibles des herbivores car ils tuent aussi plein d'animaux dans la force de l'âge. Bien sûr, leur opportunisme leur recommande de s'attaquer aux plus faibles. Quoi de plus simple, en effet, que de dévorer un bébé gazelle de Thomson ou un impala laissé seul par sa mère au milieu des herbes ? Ces femelles ne peuvent emmener les nouveau-nés au sein du troupeau et consomment le placenta sur place, nettoient leur jeune puis le déplacent de quelques mètres afin d'éviter de marquer le sol de toute odeur suspecte. Elles reviennent ensuite régulièrement l'allaiter. Les lions maintiennent souvent leur proie par le museau jusqu'à ce qu'elle étouffe – on appelle cela « le baiser de la mort ». Une proie ainsi maintenue à terre ou prise à la gorge par un lion meurt au bout de quelques minutes par strangulation, suffocation et perte de sang. Lorsqu'il s'agit de petites proies, elles sont tuées plus vite, d'un coup de dents sur le cou. L'herbivore n'est pas encore mort que des lionnes lui ouvrent déjà le ventre. Il semble qu'un mécanisme psychique plonge les animaux attaqués dans une sorte de coma, ce qui explique que même s'ils ne sont pas blessés, ils restent sous l'étreinte du fauve. Un zoologiste qui voulait aller se tailler une tranche de viande sur une proie attrapée par des lions a eu la surprise de voir le gnou, apparemment mort, se relever et s'enfuir une fois les félins écartés. Les lions commencent par manger le museau de leur victime puis extraient les viscères, et tout d'abord les intestins. Souvent, l'estomac est traîné à plusieurs mètres de l'endroit de l'attaque et, un peu plus tard, l'un d'eux le recouvre en grattant le sol de brins d'herbe, de bouts de bois et de poussière. Nous voyons assez rarement les lions jouer avec leur proie comme les chats avec les souris mais cela est arrivé avec des bébés gnous ou des bébés phacochères.

En un seul « repas » de plusieurs heures, une lionne affamée est capable d'engloutir 30 kg de viande, quantité nécessaire pour quatre ou cinq jours. Le mâle, lui, peut en avaler 45 kg. Cela correspond à environ vingt pour cent du poids du félin. C'est comme si un homme de taille moyenne dévorait d'affilée quatre ou cinq grosses entrecôtes. Quand les lions font un bon repas, cela se remarque : leur ventre est gonflé et distendu. Mais ils ne mangent pas tous les jours. Les chercheurs ont calculé qu'un individu adulte tue en moyenne vingt animaux de grande taille par an.

Dans un banquet de lions, il n'y a point de courtoisie. Il peut s'y produire de petites ou de graves querelles entre des animaux qui entretenaient l'instant d'avant des rapports amicaux. La rivalité est beaucoup plus importante entre animaux affamés qu'entre animaux mieux nourris et elle est beaucoup moins grande autour d'une grosse proie qu'autour d'une petite. Ainsi, lorsqu'une harde de lions plutôt bien nourris tue un grand ongulé, tous ses membres s'en repaissent généralement en même temps, même s'il leur arrive de gronder, de grogner et de se frapper tout en mangeant. Il en résulte beaucoup de bruit et des oreilles en dentelle pour certains mais très peu de vraies blessures. Et, au final, tous auront mangé. Le fait d'être le premier possesseur d'un morceau de nourriture confère à l'animal une suprématie temporaire sur ses égaux. Quand un lion a fini son morceau

192
Le topi regarde tranquillement les lionnes avancer. Il sait qu'elles n'ont aucune chance de l'attraper ainsi à découvert.

193
La lionne transporte la carcasse du zèbre vers les lionceaux restés cachés lors du départ en chasse de la troupe.

194-195
Les lionceaux sont en forme, ils mangent à leur faim car les gnous sont actuellement très nombreux sur le territoire.

et qu'il s'approche d'un autre encore en train de manger, ce dernier gronde à l'adresse de l'usurpateur en puissance et peut même s'attaquer à lui. Quand deux lions attrapent en même temps une petite proie comme une gazelle, il s'ensuit souvent un combat pour savoir qui en est le propriétaire; cette joute s'achève en général quand les félins, chacun tirant de son côté, parviennent à écarteler la victime en deux ou plusieurs morceaux. Cela peut prendre du temps car chacun des belligérants tente de maintenir la carcasse contre le sol avec sa gueule et ses pattes ou bien en se couchant dessus.

De manière générale, les lions les plus gros prennent le pas sur les plus petits. Les mâles dominent les femelles. Donc, quand elles viennent de tuer, elles cherchent à avaler le plus de viande possible avant l'arrivée des maîtres. Ces derniers ne leur font pas de cadeau; dents et griffes sorties, ils grondent, distribuent force coups de patte et écartent les lionnes pour manger à leur aise. Les oreilles rabattues, les babines ouvertes sur leur denture impressionnante, elles reculent, abandonnant leur proie. Occasionnellement, les lionnes, en s'associant, peuvent arracher une carcasse à un mâle qui l'avait lui-même volée à l'une des femelles. Enfin, les lionnes dominent les jeunes. Donc, dans une troupe, les mâles, s'ils sont là, mangent en premier, puis les femelles et ensuite les lionceaux, les plus âgés d'abord. Les jeunes sont toujours défavorisés, non seulement parce qu'ils arrivent sur la proie abattue après les lionnes, mais encore parce qu'ils sont plus faibles que les adultes: ceux-ci leur volent tout ce qu'ils peuvent leur arracher. Les femelles dépouillent les petits, exactement comme les mâles les dépouillent elles-mêmes. C'est la loi du plus fort dans sa plus stricte application hiérarchique! Pourtant les querelles autour des proies ne sont vraiment violentes que lorsque les circonstances se révèlent très difficiles. En période d'abondance, les mâles laissent parfois manger les lionceaux alors qu'ils excluent les femelles. Quand il s'agit d'une proie de belle taille, toutes ces querelles n'ont pas trop d'importance car les lionceaux finissent par manger après les adultes. Les conditions particulièrement difficiles sont en principe exceptionnelles dans la plupart des zones où vivent les lions.

Un lion nomade laissera fréquemment un autre nomade se repaître avec lui de sa proie. Au contraire, aucun membre d'une troupe ne laissera un nomade ou un membre d'une autre troupe partager son repas. Tous les lions que nous avons observés buvaient au moins une fois par jour au cours de leurs déplacements sur leur territoire. Pendant la saison des pluies, l'eau ne manque pas: il y a les ruisseaux, les trous d'eau et les creux de rochers. À la saison sèche, l'eau se fait plus rare mais il y en a toujours dans les mares stagnant au fond des lits des cours d'eau importants ainsi qu'aux sources vives. Dans certaines régions, les lions peuvent se déplacer plusieurs jours de suite sans boire, mais dans l'écosystème Serengeti/Masai-Mara, ils ne manquent jamais d'eau. Ils lapent comme le chat domestique, méthode très lente. Les lions ne se baignent pas, mais nagent très bien.

LA CONCURRENCE AVEC LES AUTRES PRÉDATEURS

Quand nous avons commencé à venir régulièrement dans Masai-Mara, vers 1989, les hyènes étaient beaucoup plus nombreuses qu'à l'heure actuelle. La première scène qui nous a marqués à l'époque concernait les rapports entre ces animaux et les lions. Nous venions d'arriver dans le secteur de « Leopard Gorge » et fûmes attirés par les glapissements de nombreuses hyènes. En nous fiant à ces cris, nous trouvâmes six ou sept lions en train de se nourrir sur un buffle tout juste tué, une quinzaine de hyènes formant comme un cercle autour d'eux. Un troupeau de buffles regardait la scène à bonne distance. Nous pensâmes alors que les félins avaient tué le buffle et que les hyènes, attirées par la perspective d'un festin, étaient accourues sur les lieux. Les hyènes se mirent à tenter devant nos yeux une attaque dans une cacophonie impressionnante. Les lionnes réagirent violemment en retour et les repoussèrent. L'une des hyènes s'éloigna en gémissant, une autre saignait de l'arrière-train et la dernière du groupe boitait fortement. À plusieurs reprises, les hyènes tentèrent de s'emparer de la carcasse du buffle, mais sans succès. Des vautours attendaient sur les arbres alentour. À notre arrivée, nous avions remarqué la présence d'un autre véhicule. Au bout d'une heure, nous nous en approchâmes. L'histoire que nous raconta le chauffeur éclaira autrement la scène qui s'était déroulée sous nos yeux. Il était en train de regarder un combat très animé entre deux buffles, en lisière du troupeau. Au bout d'un moment, leurs cornes s'étaient tant emmêlées que les deux herbivores n'arrivaient plus à se dégager. Des hyènes en maraude s'étaient approchées et avaient rapidement compris l'avantage à tirer de la situation. Elles s'étaient aussitôt attaquées aux deux buffles qui ne pouvaient pas se défendre. Le reste du troupeau était venu à leur rescousse, mais n'avait pu empêcher que l'un des deux combattants ne fût mis à terre. Dans un sursaut désespéré, le second buffle avait réussi à se dégager et à s'enfuir, mais il était déjà trop tard pour le premier – deux hyènes lui avaient ouvert le ventre alors qu'il était encore vivant. Les autres s'étaient aussitôt précipitées pour la curée. Elles avaient appelé d'autres compagnes mais avaient en même temps attiré une troupe de lions qui dormait non loin de là. Le rapport de forces n'était pas en faveur des hyènes et les lionnes, aidées d'un des mâles de la troupe, avaient réussi à s'emparer du butin. D'où notre erreur quand nous arrivâmes sur les lieux. Les voleurs n'étaient pas ceux que nous pensions !

Des scènes comme celle-ci sont assez courantes et cela explique que pendant longtemps l'hyène tachetée ait eu une image de charognard attendant la fin du repas des grands fauves. Les travaux de Hans Kruuk ont permis de modifier cette image. Il a bien montré que l'hyène dans certaines régions est d'abord un prédateur. Certaines troupes tuent elles-mêmes près de quatre-vingt-dix pour cent des mammifères qui composent leur nourriture. Les hyènes chassent en meute, souvent la nuit, et sont rapides et endurantes. C'est souvent quand elles commencent leur repas que les lions interviennent. Entendant leurs glapissements, leurs rires en cascade, ils se précipitent et les chassent de leur festin. Quand les scientifiques diffusent aux lions des enregistrements des cris des hyènes en train de manger ou de tuer, ceux-ci se déplacent dans la direction des sons. Les hyènes n'ont plus alors qu'à attendre que les fauves aient terminé. Comme cela se produit souvent la nuit, loin des yeux des observateurs, ceux-ci retrouvent les hyènes au matin sur les carcasses et les imaginent charognards.

196
Le nombre de hyènes semble être remonté dans Masai-Mara ces derniers temps après une baisse importante.

197
L'antagonisme entre hyènes et lions n'a jamais de fin. Quand les hyènes ne sont pas en position de force, elles fuient.

La situation inverse peut être tout aussi vraie. Un lion qui chasse seul se fera très facilement voler sa proie par un petit groupe de hyènes décidées. L'organisation en groupe permet à ces animaux, si le rapport de forces leur est favorable, de protéger leurs propres proies ou de voler celles des autres.
L'antagonisme entre lions et hyènes est plus ou moins fort suivant les endroits et surtout la densité de hyènes. Dans certaines régions du Botswana, la concurrence est terrible. Les cinéastes du *National Geographic,* Derek et Beverly Joubert, écrivent par exemple que seule une hyène morte consentirait à partager son abri avec un lion. Ils rapportent des combats très violents entre les deux communautés.
De même, en Éthiopie, une dépêche de l'AFP précisait qu'en décembre 1999 des hyènes avaient fui des combats féroces entre leur meute et un groupe de lions et avaient ensuite dévoré une mère et son enfant dans l'est du pays. Après une demi-journée d'affrontements, les combats s'étaient soldés par la mort de trente hyènes et de deux lions. Début avril de la même année, des affrontements semblables avaient eu lieu et avaient fait six morts chez les lions et trente-cinq chez les hyènes dans le désert de Gobele, toujours dans l'est du pays. Les habitants parlaient d'une « violence féroce », d'un « horrible carnage ». Ils avaient vu un lion combattre six hyènes puis être remplacé par un autre après que le premier eut été mis hors d'état de combattre. Le territoire, dans les deux cas, était resté sous contrôle des lions.
Qu'est-ce qui explique de tels combats? C'est peut-être un mélange de conflits territoriaux, de vengeances, le résultat d'une grande sécheresse ou bien un mélange de toutes ces causes. Les deux espèces sont comme de vieux ennemis héréditaires. L'histoire de leurs évolutions parallèles peut aussi donner un début d'explication.
Selon certaines hypothèses, à l'époque où vivaient les machairodontes, redoutables félidés préhistoriques, les hyènes, elles aussi de très grande taille, étaient alors sociables. Les félins étaient de grands chasseurs qui tuaient leurs proies grâce à leurs formidables crocs. Mais si ces armes étaient très efficaces pour tuer, elles étaient aussi très encombrantes et se révélaient même gênantes dès qu'il s'agissait de manger, se prenant dans les os et la viande. En conséquence, les félins de la préhistoire laissaient d'énormes quantités de nourriture sur leurs proies – probablement plus de cinquante pour cent. Les hyènes n'avaient plus alors qu'à finir et à nettoyer les restes. Puis l'évolution suivit son cours. Ce furent les machairodontes à petites dents qui survécurent, peut-être parce que finalement ils étaient plus efficaces. En parallèle, les plus grands représentants des hyènes s'éteignirent. Les lions consommèrent davantage de chair sur les carcasses, rognant sur la part des hyènes. Alors, celles-ci commencèrent sans doute à disputer aux lions les carcasses d'animaux et en même temps les concurrencèrent dans le domaine de la chasse. Pour lutter contre les lions, elles formèrent des clans plus soudés.
Depuis, les deux espèces se battent pour les mêmes proies ou, le plus souvent, les mêmes carcasses. Les lions tuent les hyènes mais ne les mangent pas.

LES RAPPORTS AVEC LES AUTRES FÉLINS

Un matin, nous retrouvâmes les deux mâles de la troupe de Bila Shaka le long du laga, couchés au pied de deux hauts arbres au tronc mince. Les femelles étaient à quelques mètres avec les lionceaux, très jeunes à l'époque. Ce qui rendait la scène particulièrement cocasse, sauf pour l'intéressé, était la présence d'un jeune léopard tout juste sorti de l'adolescence coincé en haut d'un des arbres. Il n'osait pas redescendre. Dès qu'il tentait de le faire, les deux mâles se redressaient et montraient les dents. La veille au soir, les adultes étaient partis chasser en laissant les lionceaux cachés au fond du fossé. Le silence des jeunes avait sans doute trompé le léopard qui n'avait pas senti leur présence et avait dû s'installer en fin de nuit dans l'arbre ou s'y réfugier en entendant les adultes revenir. Les lions n'étaient absolument pas décidés à bouger. Question de principe pour les propriétaires des lieux ! Et, pendant trois jours, ils allaient faire le siège de l'animal piégé. Les adultes partaient à tour de rôle la nuit en laissant toujours des gardiens. Le léopard, affamé, gémissait. Alertés, les rangers décidèrent d'intervenir car la situation était complètement bloquée. Avec des véhicules, ils réussirent à chasser les lions à quelque distance de l'arbre et à s'interposer entre eux et le léopard. Celui-ci déguerpit sans demander son reste et disparut dans les buissons. Son manque d'expérience était sans doute la cause de cette situation assez rare.

Les lions (comme les hyènes) trouvent aussi une part de leur nourriture en volant les proies de prédateurs moins gros comme les léopards ou les guépards. Ces derniers vivent surtout dans les grandes plaines dégagées et se nourrissent principalement de gazelles ou de petites proies qui ne sont pas en principe au menu des lions. Les guépards chassent de jour et cela leur permet d'éviter au maximum les conflits avec les lions ou avec les léopards. En revanche, ils mangent très vite, toujours sur le qui-vive car les lions, comme les babouins mâles ou les hyènes, viennent régulièrement leur voler leurs proies. Les léopards, eux, aiment les zones plus accidentées où il est facile de se cacher. Ils ont un régime alimentaire très varié qui entre peu en concurrence avec celui des lions. Mais à cause d'eux et des hyènes, ils montent leurs proies dans un arbre pour les mettre à l'abri de leurs ennemis.

Donc, même si chaque espèce a ses préférences en matière de proies et d'habitats, les lions ne supportent pas la présence de ces autres félins. La compétition ne se limite pas aux actes de piraterie. Les lions mettent en fuite et, s'ils le peuvent, tuent aussi les adultes guépard ou léopard.

En ce qui concerne les jeunes de ces deux espèces, les lions – comme les hyènes d'ailleurs – les tuent s'ils les découvrent sans défense. Les lions les dévorent rarement, ils se contentent de lacérer les corps avant de les abandonner. Mais, dans l'autre sens, léopards ou guépards peuvent eux aussi tuer les jeunes lionceaux laissés seuls.

198-199
Aberlour en embuscade a surpris cette femelle guépard qui est obligée de fuir à toute vitesse. Les lions tuent les guépards, surtout les jeunes, mais ne les mangent pas.

200-201
Le mâle est absorbé par son repas. Le roi des animaux n'a rien à craindre ! Il peut prendre tout son temps pour savourer son succulent plat de résistance.

202 et 203
La lionne s'est isolée car elle va bientôt mettre bas. Opportuniste, elle préfère s'attaquer à un bébé antilope, proie si facile ! Et elle n'a pas besoin de partager avec ses compagnes.

204
Plusieurs lionnes de la troupe étaient en embuscade mais seule Aberlour a « travaillé ». Les autres se sont contentées de regarder et sont ensuite venues partager le repas de la chasseresse, un comportement somme toute assez fréquent !

205
Comme presque toujours dans les chasses, Aberlour met à mort le topi en l'étouffant.

206
*Une lionne en pleine course atteint 60 km/h.
Mais elle court en fait moins vite
que nombre de ses proies.*

207 en haut
*Dans le Ngorongoro, la lionne s'est mise en embuscade
près de la rivière dès le petit matin. Elle a attendu que
les zèbres viennent boire à partir de 10-11 heures.*

207 en bas
*La lionne, en fin de poursuite, synchronise
les mouvements de ses pattes sur ceux de sa victime.*

207

208 en haut
Anieska est en position d'attaque, elle a repéré une jeune gazelle derrière une termitière.

208 en bas et 209
Lors de la mise bas, les gazelles consomment le placenta et laissent ensuite leur petit dans les herbes, revenant l'allaiter plusieurs fois par jour pendant trois semaines. Anieska n'a aucun mal à attraper cette jeune antilope sans défense.

210 et 211
Les troupes de lions de Masai-Mara ne chassent quasiment jamais l'éléphant et la cohabitation entre ces deux espèces est en général paisible.
Ce qui n'empêche pas un éléphant adolescent ou un adulte ayant envie de jouer de charger les félins.

212
Ce mâle va passer plusieurs heures à essayer de faire sortir un phacochère du terrier où il s'est réfugié.

213
Le lion a repéré un bufflon malade dans le troupeau. La mère buffle réussira à le défendre plusieurs heures avant de l'abandonner au félin.

214
Le mâle impala a voulu protéger son harem jusqu'au dernier moment et a été victime de son devoir.

215
Les deux lions mâles de la troupe se partagent sans trop de heurts ce repas « volé » à leurs femelles.

216
Les lions lèchent fréquemment la peau des animaux qu'ils sont en train de manger.

217
Les lions n'hésitent pas à enfoncer leur tête dans le cadavre de leur victime. Après, une bonne toilette est nécessaire !

218-219
Ce jeune mâle a bientôt atteint l'âge où il devra quitter la troupe. Il lui faudra alors assurer lui-même sa subsistance.

CRÉDITS PHOTOGRAPHIQUES

Toutes les photos de cet ouvrage sont de Christine et Michel Denis-Huot, à l'exception des photos suivantes :

12-13 Lessing/Contrasto ; 14 en haut Archivio White Star ; 14 en bas G. Dagli Orti, Paris ; 15 University of Pennsylvania Museum, Philadelphia ; 16 en haut Araldo De Luca/Archivio White Star ; 16 au centre Araldo De Luca/Archivio White Star ; 16 en bas, à gauche Araldo De Luca/Archivio White Star ; 16-17 Araldo De Luca/Archivio White Star ; 17 en haut, à droite Araldo De Luca/Archivio White Star ; 18 Archivio Scala ; 19 en haut Archivio Scala ; 19 en bas, à gauche Archivio Scala ; 20 Victoria & Albert Museum ; 21 Bridgeman Art Library ; 22 Lessing/Contrasto ; 23 en haut Archivio Scala/Art Resource ; 23 en bas Double's/ICP ; 24 en haut, à gauche Archivio Scala ; 24 au centre Marcello Bertinetti/Archivio White Star ; 24 en haut, à droite Giulio Veggi/Archivio White Star ; 24-25 Archivio Scala ; 25 à gauche Massimo Borchi/Archivio White Star ; 25 à droite Marcello Bertinetti/Archivio White Star ; 26-27 Giorgio Oddi/Il Dagherrotipo ; 27 en haut Lucio Bracco/Il Dagherrotipo ; 27 en bas Giovanni Rinaldi/Il Dagherrotipo ; 28 en haut, à gauche Fototeca Storica Nazionale ; 28 en bas Roger Viollet/Contrasto ; 29 en haut Roger Viollet/Contrasto ; 29 en bas G. Dagli Orti, Paris ; 30-31 The Art Archive ; 32-33 Hulton Archive/Laura Ronchi ; 33 en haut, à gauche Mary Evans Picture Library ; 33 en haut, à droite Agence photographique de la Réunion des Musées Nationaux ; 33 en bas Topham/Double's/ICP ; 34 en haut, à gauche Photos12 ; 34 en haut, à droite Photos12 ; 34-35 Roger Viollet/Contrasto ; 35 en haut Roger Viollet/Contrasto

Les auteurs désirent remercier tous les amis chauffeurs de Masai-Mara pour leurs informations et leur aide.

Les photographies de ce livre ont été réalisées avec des boîtiers Canon EOS1N, EOS3 et EOS1V. Les objectifs Canon utilisés sont 600 F4, 500 F4 IS, 300 F2.8 IS et les zooms 20-35, 28-70 et 70-200. Les prises de vue ont été faites avec des films Fujichrome Provia et Sensia.